·大家读马克思·
马克思家书

【德】卡尔·马克思 等 著
本书编译组 编

中央编译出版社

图书在版编目（CIP）数据

马克思家书 /（德）卡尔·马克思等著；本书编译组编 . -- 北京：中央编译出版社，2024.4

ISBN 978-7-5117-3508-9

Ⅰ.①马… Ⅱ.①卡…②本… Ⅲ.①马克思著作－书信集 Ⅳ.① A13

中国版本图书馆 CIP 数据核字 (2021) 第 054836 号

马克思家书

选题策划	张远航
责任编辑	李媛媛　高冀蒙
责任印制	李　颖
出版发行	中央编译出版社
网　　址	www.cctpcm.com
地　　址	北京市海淀区北四环西路69号（100080）
电　　话	（010）55627391（总编室）　（010）55625173（编辑室） （010）55627320（发行部）　（010）55627377（新技术部）
经　　销	全国新华书店
印　　刷	北京印刷集团有限责任公司
开　　本	880毫米×1230毫米　1/32
字　　数	100千字
印　　张	6.875
版　　次	2024年4月第1版
印　　次	2024年4月第1次印刷
定　　价	68.00元

新浪微博：@中央编译出版社　　微　信：中央编译出版社（ID: cctphome）
淘宝店铺：中央编译出版社直销店（http://shop108367160.taobao.com）　（010）55627331

本社常年法律顾问：北京市吴栾赵阎律师事务所律师　闫军　梁勤
凡有印装质量问题，本社负责调换，电话：（010）55627320

目录 Contents

1852 年	致燕妮·马克思	01
1856 年	致燕妮·马克思	03
1856 年	致燕妮·马克思	07
1863 年	致燕妮·马克思	09
1864 年	致燕妮·马克思	12
1864 年	致燕妮·马克思	14
1864 年	致燕妮·马克思	16
1864 年	致燕妮·马克思（女儿）	19
1864 年	致燕妮·马克思	21
1865 年	致燕妮·马克思（女儿）	24

1865 年	致爱琳娜·马克思	27
1866 年	致燕妮·马克思（女儿）	29
1866 年	致劳拉·马克思	32
1866 年	致保尔·拉法格	36
1866 年	致劳拉·马克思	39
1866 年	致爱琳娜·马克思	41
1866 年	致劳拉·马克思	43
1866 年	致保尔·拉法格	44
1867 年	致燕妮·马克思（女儿）	45
1867 年	致劳拉·马克思	48
1868 年	致劳拉·拉法格和保尔·拉法格	51
1869 年	致爱琳娜·马克思	54
1869 年	致燕妮·马克思（女儿）	57
1869 年	致劳拉·拉法格	62
1869 年	致保尔·拉法格和劳拉·拉法格	65
1869 年	致弗朗斯瓦·拉法格	67
1870 年	致劳拉·拉法格和保尔·拉法格	69
1870 年	致燕妮·马克思（女儿）	73
1871 年	致女儿燕妮、劳拉和爱琳娜	76
1871 年	致燕妮·马克思	79
1871 年	致燕妮·马克思	82

1871 年	致劳拉·拉法格	84
1872 年	致劳拉·拉法格	86
1874 年	致燕妮·马克思	89
1874 年	致燕妮·龙格	92
1874 年	致燕妮·龙格	94
1875 年	致燕妮·马克思	97
1876 年	致燕妮·龙格	99
1878 年	致燕妮·龙格	101
1878 年	致燕妮·马克思	103
1879 年	致燕妮·龙格	105
1881 年	致燕妮·龙格	107
1881 年	致燕妮·龙格	111
1881 年	致燕妮·龙格	114
1881 年	致燕妮·龙格	117
1881 年	致劳拉·拉法格	119
1881 年	致燕妮·龙格	121
1881 年	致燕妮·龙格	124
1882 年	致劳拉·拉法格	127
1882 年	致燕妮·龙格	130
1882 年	致燕妮·龙格	131
1882 年	致保尔·拉法格	135

1882 年	致燕妮·龙格	139
1882 年	致燕妮·龙格	142
1882 年	致劳拉·拉法格	147
1882 年	致燕妮·龙格	156
1882 年	致劳拉·拉法格	157
1882 年	致燕妮·龙格	158
1882 年	致爱琳娜·马克思	160
1882 年	致燕妮·龙格	162
1882 年	致爱琳娜·马克思	164
1882 年	致燕妮·龙格	169
1882 年	致劳拉·拉法格	171
1882 年	致劳拉·拉法格	173
1882 年	致爱琳娜·马克思	176
1882 年	致劳拉·拉法格	179
1882 年	致爱琳娜·马克思	182
1883 年	致爱琳娜·马克思	184
1883 年	致爱琳娜·马克思	186
1883 年	致爱琳娜·马克思	189
注释		191

1852年6月11日于曼彻斯特

致燕妮·马克思

我亲爱的:

你的信使我非常高兴。你根本不必总是不好意思把什么事都告诉我。既然可怜的你不得不忍受痛苦的现实,那么我理所当然地至少应该在精神上同你一起经受痛苦。然而,我知道你的性格非常坚韧,有一点点美好的希望就会使你重新振作起来。但愿就在这个星期,最迟在下星期一,你还可以收到五英镑。

《快邮报》我当然随身带来了。可是,缺少登有卢格主要臭东西的那几号旧报。我们在整治那些蠢材时都笑出了眼泪[1]。

奥斯瓦尔德那包东西用处不大,但还可以用一点。我们亲爱的阿·卢格写不上三行就会出丑。如果我没有记错的话,"Moute"

我已经改过了。

　　西蒂区的印刷厂主显然不是个能干的人，印一个印张肯定要花大量的时间，因为他帮手不够。他的纸张比美国的差多了，铅字也是这样，显然已经磨坏了。但是你却很出色地完成了自己的事情。

　　哈罗的小册子[2]，就其幼稚和愚蠢来说，确实动人。麻烦你把恩格斯论海因岑的文章[3]从《布鲁塞尔报》上剪下来寄给我们，要快些。《宇宙》如果不寄来，那也无妨。主要的东西我们这里有了，在我的一封信里。[4]

　　代我吻吻我的小家伙们并祝他们好。

你的　卡·马·

（《马克思恩格斯全集》第二版第49卷第142—143页）

1856 年 6 月 21 日于曼彻斯特

致燕妮·马克思

我的亲爱的：

我又给你写信了，因为我孤独，因为我感到难过，我经常在心里和你交谈，但你根本不知道，既听不到也不能回答我。你的照片纵然照得不高明，但对我却极有用，现在我才懂得，为什么"阴郁的圣母"，最丑陋的圣母像，能有狂热的崇拜者，甚至比一些优美的像有更多的崇拜者。无论如何，这些阴郁的圣母像中没有一张象你这张照片那样被吻过这么多次，被这样深情地看过并受到这样的崇拜；你这张照片即使不是阴郁的，至少也是郁闷的，它决不能反映你那可爱的、迷人的、"甜蜜的"、好象专供亲吻的面庞。但是我把阳光晒坏的地方还原了，并且发现，我的眼睛虽然为灯光和烟草烟所损坏,但仍能不仅在梦中,甚至不在梦中也在描绘形象。你好象真的在我的面前,我衷心珍爱你,自顶至踵地吻你,跪倒在你的跟前,叹息着说:"我爱您,夫人!"[5]事实上,我对你的爱情胜过威尼斯的摩尔人[6]的爱情。撒谎和空虚的世界对人的看法也是虚伪而表面的。无数诽谤我、污蔑我的敌人中有谁曾骂过我适合在某个二流戏院扮演头等情人的角色呢?但事实如此。要是这些坏蛋稍微有点幽默的话,他们会在一边画上"生产关系和交换关系",另一边画上我拜倒在你的脚前。请看看这幅画,再看看那幅画,——他们会题上这么一句。但是这些坏蛋是笨蛋,而且将永远都是笨蛋。

　　暂时的别离是有益的,因为经常的接触会显得单调,从而使事物间的差别消失。甚至宝塔在近处也显得不那么高,而日常生活琐事若接触密了就会过度地胀大。热情也是如此。日常的习惯由于亲近会完全吸引住一个人而表现为热情,只要它的直接对象在视野中消失,它也就不再存在。深挚的热情由于它的对象的亲近会表现为日常的习惯,而在别离的魔术般的影响下会壮大起来并重新具有它固有的力量。我的爱情就是如此。只要我们一为空间所分隔,我就立即明白,时间之于我的爱情正如阳光雨露之于植物——使其滋长。我对你的爱情,只要你远离我身边,就会显出它的本来面目,象巨人一样的面目。在这爱情上集中了我的所有精力和全部感情。我又一次感到自己是一个真正的人,因为我感到了一种强烈的热情。现代的教养和教育带给我们的复杂性以及使我们对一切主客观印象都不相信的怀疑主义,只能使我们变得渺小、孱弱、啰嗦和优柔寡断。然而爱情,不是对费尔巴哈的"人"的爱,不是对摩莱肖特的"物质的交换"的爱,不是对无产阶级的爱,而是对亲爱的即对你的爱,使一个人成为真正意义上的人。

你会微笑,我的亲爱的,你会问,为什么我突然这样滔滔不绝?不过,我如能把你那温柔而纯洁的心紧贴在自己的心上,我就会默默无言,不作一声。我不能以唇吻你,只得求助于文字,以文字来传达亲吻。事实上,我甚至能写下诗篇并把奥维狄乌斯的《哀歌》重新以韵文写成德文的《哀书》。奥维狄乌斯只是被迫离开了皇帝奥古斯都。我却被迫和你远离,这是奥维狄乌斯所无法理解的。

诚然,世间有许多女人,而且有些非常美丽。但是哪里还能找到一副容颜,它的每一个线条,甚至每一处皱纹,能引起我的生命中的最强烈而美好的回忆?甚至我的无限的悲痛,我的无可挽回的损失[7],我都能从你的可爱的容颜中看出,而当我遍吻你那亲爱的面庞的时候,我也就能克制这种悲痛。"在她的拥抱中埋葬,因她的亲吻而复活",这正是你的拥抱和亲吻。我既不需要婆罗门和毕达哥拉斯的转生学说,也不需要基督教的复活学说。

最后,告诉你几件事。今天,我给艾萨克·埃恩赛德寄去了一组文章中[8]的第一章,并附去(即附在该急件中)我亲笔写的便条,而且是用我自己的英语写的。在这篇东西寄走以前,弗里德里希[9]读它时不言不语地皱着眉,颇有批评之意,这自然使我不十分愉快。不过他在第一次读时,感到非常惊奇,并高呼这一重要的著作应该用另一种形式出版,首先用德文出版。我将把第一份寄给你和在德国的老历史学家施洛塞尔[10]。

便告诉你,在《奥格斯堡报》[11](它直接引用了科伦共产党人案件[12]中的我们的通告[13])上我读到,"似乎"从同一个来源,即从伦敦又发出了一个新的通告[14]。这是一种捏造,是施梯伯先生按我们的作品搞出来的可怜的改编;这位先生由于近来在普鲁士不大吃香,想在汉诺威装作一个汉诺威的大人物。我和恩格斯将在奥格斯堡《总汇报》上加以驳斥。

再见,我的亲爱的,千万次地吻你和孩子们。

你的 卡尔

(《马克思恩格斯全集》第29卷第512、515—517页)

1856年8月8日于伦敦

致燕妮·马克思

亲爱的,我唯一亲爱的:

在收到你的来信的同时,今天早上我还收到弗里德里希[15]的一纸便函和给琳蘅[16]的十五塔勒。望告知已经收到,因为他在这些事情上是一丝不苟的。明天再给你写得详细些;"不朽的科勒特"今天在我这里,我使他很窘,因为"我要给马克思夫人写上几句"。

纯白的山第真正地完了,而不是假想地。

无论我怎样怀念你和孩子们(而这是决非笔墨所能形容的),我仍然希望你们再在特利尔住一星期。这对你和孩子们都是非常有好处的。其他的明天再谈。

你的卡·马·

又及：乌尔卡尔特之流死乞白赖地纠缠着我。从经济上来说，这倒是好事。但从政治上来说，我不知道是否应该和这些人混在一起。千万遍地吻你，我的钟情挚爱的。

又及：丽娜[17]获得一个极好的位置。只要再过几个星期就开始工作了。

我目前不得不在李卜克内西夫妇面前装成花花公子的样子，真是可怕。见鬼！而且，和我睡在一起的是皮佩尔，而不是你。荒唐极了！至少在这个房间里是如此。恩格斯下星期来。[18] 那时我就得救了。这三星期来把我忧郁死了。

（《马克思恩格斯全集》第 29 卷第 520—521 页）

1863 年 12 月 15 日于特利尔
致燕妮·马克思

我亲爱的、热爱的燕妮：

我来这里到今天正好一个星期了。明天我到法兰克福姑母艾丝苔[19]那里去（注意：有一位太太原来在特利尔住过，更早以前住在阿尔及尔，而现在同姑母住在一起，——她也是我父亲的妹妹，也是我的姑母，叫巴贝塔[20]，平常叫她"小贝尔"；她很有钱）。再从法兰克福去博默耳[21]，这我在昨天已通知表舅[22]，大概会使他大吃一惊。

这样迟才给你写信，可决不是由于健忘。正好相反。每天我都去瞻仰威斯特华伦家的旧居（在罗马人大街），它比所有的罗马古迹都更吸引我，因为它使我回忆起最幸福的青年时代，它曾收藏过我最珍贵的瑰宝。此外,每天到处总有人向我问起从前"特利尔最美丽的姑娘"和"舞会上的皇后"。做丈夫的知道他的妻子在全城人的心目中仍然是个"迷人的公主",真有说不出的惬意。

我没有写信,是因为我天天都指望告诉你一点确讯,但是直到现在任何确讯也没有。事情是这样的。我来到的时候,除日常用的家具外,其他一切当然都加了封。我母亲以她通常的"最高领导狂"对康拉第[23]说过,他对什么也不用操心:她已经把一切都处置妥当,表舅会把"一切"办好的。

她仅交给康拉第一份经过公证的遗嘱副本,这个遗嘱只包括下列安排:(1)除金银物品外,所有家具、衣物和器皿均遗赠给艾米莉[24];(2)留给自己的儿子卡尔一千一百塔勒等等;(3)把父亲的画像留给索菲娅[25]。全部遗嘱就是这样。(注意:索菲娅一年有一千塔勒收入,这笔钱大部分从菲力浦斯家领取。你毕竟还是可以看出,我的亲戚乃是十足的"坏种"。)

除了这个小纸片外,母亲还有一个(现已无效)办过法律手续的遗嘱。立这个遗嘱的日期比较早,并由于后一遗嘱而被废除。第一个遗嘱是在艾米莉出嫁以前立下的。母亲在这个遗嘱中说要把归艾米莉支配的一切财产的使用权交给艾米莉。此外,她指定舅舅马丁[26]和菲力浦斯为自己的遗嘱执行人。母亲——确切些说,这个酒鬼公证人采尔(已去世)——忘记了在我前面提到的而现在唯一有效的那个文据中重申关于遗嘱执行人的保留条件，因此只是由于我们愿意，表舅现在才成为遗嘱执行人（我对此自然有充分的"考虑"）。关于财产的实际状况，我还一点都不知道，因为一切文据都放在加了封的柜子里。而迟迟没有启封，是由于要花很多时间办理在荷兰的委托书（尤塔和索菲娅的）寄来以前必须办完的手续。这对我说来是拖得太久了。所以，我让康拉第做我的全权代表。除了1858年的五桶酒（我母亲在有利时刻不愿出售）和几件金银小物品外，在特利尔这里再没有什么东西了（格律恩堡早就卖掉了）。这一切将在各继承人之间平分。实际的财产完全掌握在表舅手中。

我母亲于11月30日下午4点钟，即在自己举行婚礼的日子和时刻去世。她曾预言，她将正好在这个时间亡故。

今天我去办德穆特先生和小丽莎的事。等我到了法兰克福或博默耳再详细告诉你。向全家人致良好的祝愿。代我吻所有的人，特别是多多吻中国皇帝[27]。

你的　卡尔

（但愿随下一封信能给你寄些钱去。）

（《马克思恩格斯全集》第30卷第640—642页）

1864年5月9日于曼彻斯特

致燕妮·马克思

亲爱的燕妮：

可怜的鲁普斯[28]今天下午五点十分去世了。我刚从死者那里回来。

从伦敦到达这里以后，当天晚上我就去看他，但是他当时昏迷不醒。第二天早晨，他认出了我。当时恩格斯和两位医生[29]在场。我们离开时，他（用微弱的声音）叫住我们说："你们还来吗？"这是他神智清醒过来的时候。此后，他很快又陷入衰竭状态。到星期四晚上，甚至到星期五晚上，病情仍然不明朗，结局如何，很难判断。从星期五晚上起一直到死，他都昏迷不醒。与死亡的斗争拖了很久——诚然，这对他是没有痛苦的。他无疑是夸夸其谈的庸医[30]

的牺牲品。明天给你多写些。

　　我们为数不多的朋友和战友中的一个,就这样离开我们去了。他是一个最完美的人。葬礼定于星期五举行。

你的　卡尔

(《马克思恩格斯全集》第30卷第652页)

1864年5月10日于曼彻斯特

致燕妮·马克思

亲爱的燕妮：

现在才弄明白——博尔夏特以前就已经知道了——可怜的鲁普斯辛劳终身积蓄了一些钱。

他在遗嘱（1863年12月立下的）中指定恩格斯、博尔夏特和我为他的遗嘱执行人，公证人刚才向我们宣布了他的遗愿。鲁普斯的遗言是：

（1）一百英镑给曼彻斯特席勒协会；

（2）一百英镑给恩格斯，

（3）一百英镑给博尔夏特，

（4）其余约六百到七百英镑以及他的书籍和其他财物都给我（如

果我死在他之前,则给你和孩子们——他仔细地考虑到一切意外情况)。

现在我要到他的住所去一趟,以便整理一下文稿。幸而他至少在最后六七个星期是住在非常正直而善良的人们那里,受到很好的照料。关于找一个人看护病人的荒唐电报[31],都是自命不凡的博尔夏特胡吹瞎扯和装模作样的结果,龚佩尔特根本不知道这些电报。

千百次吻你和孩子们。

你的 卡尔

(《马克思恩格斯全集》第 30 卷第 655—656 页)

1864年5月13日于曼彻斯特
致燕妮·马克思

亲爱的：

今天为我们的好同志[32]举行了葬礼。我们有意不邀请任何人，否则半个城市都会惊动起来。参加葬礼的有博尔夏特、龚佩尔特、恩格斯、德朗克、施泰因塔耳、马罗茨基（光明之友[33]的新教牧师，鲁普斯在他家教过书，他是作为生前友好而来的）、贝内克（这里最富有的商人之一）、施瓦伯（同上），还有三个商人、几个少年以及大约十五到二十个所谓"下层阶级"的人——鲁普斯在他们当中享有很高的声望。自然，我发表了简短的悼词。这个使命使我如此激动，以致有几次嗓子都哽住了。弗莱里格拉特来信表示歉意。说是他的上司法济目前正好在伦敦，恩格斯，特别是德朗克都认为这不成其为理由,德朗克明天在伦敦将要求他作出说明。

我在这里至少还得滞留三四天,以便了结一些事情,缴纳遗产税,宣誓,等等。在一切没有办好以前,我自然不会离开曼彻斯特。

起初以为可怜的鲁普斯似乎是患初期脑软化。但是事实并非如此。龚佩尔特早就说过,他是患脑充血(脑溢血)。这在解剖后已被证实,从而也证明,假如有稍微对症的治疗,他还是能活下去的。博尔夏特丧天害理地完全耽误了他的病。不过为博尔夏特一家着想,这一点就不必声张了,他一家同鲁普斯是很知心的(特别是博尔夏特的大女儿),帮了他不少忙,鲁普斯本人对这一家也很珍视。而我则谢绝了博尔夏特要我今天去吃午饭的邀请(恩格斯等人想必是出席了),我推说,在安葬沃尔弗的日子里,我不能去作客。

德朗克没有回你的信,他请你原谅。可怜的矮子因为他的几个孩子的死亡心里非常悲痛,连信都没有心思写。

鲁普斯把我们孩子们的所有信件都细心地保存下来,并且在最后几个星期里一再向博尔夏特夫人说,小杜西[34]的那些来信使他如何的高兴。

前天马罗茨基在教堂(当时在为儿童举行坚信礼,博尔夏特的小女儿也在内)公开赞扬了鲁普斯。我认为在曼彻斯特没有一个人象我们可怜的鲁普斯(他还在孩子的时候就折断了双腿,为此医治了多年）这样受到普遍的爱戴。在他死后留下的许多人的来信中，我发现男女小学生，特别是他们的母亲，都对他表示极其真挚的友情。

向大家致最良好的祝愿。

请把亲爱的爱琳娜的相片立即寄三张来。

你的 卡尔

（《马克思恩格斯全集》第 30 卷第 656—657 页）

1864年5月17日于曼彻斯特

致燕妮·马克思（女儿）[35]

亲爱的孩子，淘气鬼：

我很可能在本星期四（5月19日）离开曼彻斯特，恩格斯可能和我同来。[36]如果有变化，我会及时通知的。

昨天去看了厄内斯特·琼斯，恢复了同他的旧日的友谊。他很亲热地接待了我。艾希霍夫目前也在这里，他向你们大家问好，今天早上他告诉我：罗德博士的女婿马里埃特突然去世了。女儿回到了利物浦她父母处。艾希霍夫好不容易才当上了营业员。

小德朗克今天从伦敦来，谈到几天以前他同弗莱里格拉特见面的一些有趣事情。这次见面的地点是皇家交易所大厦2号，弗莱里格拉特的上司法济也在场。

我的一个老朋友施特龙从布莱得弗德来看我，不幸，他的身体很不好，我几乎认不出他了。他是从艾希霍夫那里知道我在曼彻斯特的。

龚佩尔特有件喜事，得了一个儿子。

我给你写这几句话，是因为恩格斯来时你大概得把你的房间让给他。看来只有你的房间能派这个用场。酒你们不必担心，我们将随身带来，有一打白麦酒就足够我们这位曼彻斯特人喝的了。

我没有能够办完自己的事情[37]，因为本星期这里的法院休假。事情要办好总得在下星期，而那时我已经不在这里了。

从你妈妈的来信中很痛心地知道，玛丽·洛尔米埃不能恢复健康了。这些医生简直是些骗子。

如要写信给我，可以在明天晚上五点钟以前发出，我在曼彻斯特还能够收到。

亲爱的孩子，我希望你已经完全健康了。向你的继任者[38]表示崇高的敬意，并向我的秘书[39]使一个含有深意的眼色。

你的忠实的　老头子

我很想在这里给全家买点曼彻斯特的丝织品，但是正碰上假日，商店关门，不能实现我的心愿。

可以告诉你妈妈：乔·朱·哈尼已经第二次结婚，并且离开欧洲到澳大利亚去了。[40]

（《马克思恩格斯全集》第30卷第658—659页）

1864年9月2日于伦敦
致燕妮·马克思

亲爱的燕妮：

　　昨天收到了弗莱里格拉特的来信（照抄一份于后），你从信中可以知道，拉萨尔在日内瓦决斗时受了致命伤。这个消息使我们大为震惊，因为拉萨尔总还不应该落到这样的下场。我收到信以后，就到弗莱里格拉特那里去，也就是到他的住处去，因为我知道伊达[41]出门去了。看来，我的来到使他惊"喜"不止。他的女儿路易莎和他在一起。其余的一群人将在本周末回来。路易莎在布莱顿弗兰契斯卡·卢格那里待了两星期。鉴于弗莱里格拉特同卢格等的关系，使用你的印有男爵头衔的名片要慎重。象卢格这样的人，是会利用这一点的。弗莱里格拉特远没有象他在信中所说的那样受到很大的

"震动":他还照常说笑,还拿拉萨尔来说笑。他向我说,他的银行正遭受危机,正是日内瓦的事情和法济在这件事中搞的鬼[42]使他受到很大的损害。最后告诉你一句杜西[43]的妙语。因为弗莱里格拉特的信中说,拉萨尔是为了他想要娶的一个女士[44]而决斗的,劳拉就想起,他对每个妇女都说过什么"总共只能爱她六个星期"。于是杜西就说,"那他准能活六个星期"。小燕妮象着了魔似地在她的温室里劳动。全家人都很健康,并向你问好。

老头子

弗莱里格拉特的信[45]

"刚接到克拉普卡从日内瓦寄来的信。他写道:

'拉萨尔在这里有一段恋爱史,但完全是无可指责的,因为他准备同这位姑娘,即巴伐利亚的公使窦尼盖斯的女儿结婚。父亲反对这件婚事,而姑娘欺骗了可怜的拉萨尔;她原来的未婚夫,即上面提到的伪国君[46]从柏林来到这里,事情发展到要求作出解释,写信互相指责,继而提出决斗。拉萨尔的监场人是吕斯托夫上校和我的同乡贝特伦伯爵将军。拉萨尔正象一个具有声望和政治地位的人那样——勇敢而自尊。他腹部中弹,现在躺在'维多利亚'旅馆里,生命垂危。对他不幸的是,子弹深入体内,因此伤口很容易发炎。

我来了以后就立即去看他,见他在口授遗嘱,但准备从容地迎接死亡。我对他感到无限惋惜;对于一个人,往往是在他生命的最终时刻,才能真正认识他。虽然医生们诊断说很凶险,但是我们仍然希望他安然度过危机。'

克拉普卡就是这样写的。我甘愿承认〈说得太过分了,好象把他吊在拷问架上似的!〉这个消息使我深为不安,我立即给克拉普卡打电报说,如果拉萨尔还活着,要他转致我的同情和慰问。克拉普卡将给我回电报;我如有所知,当即奉告。"

(《马克思恩格斯全集》第30卷第667—669页)

1865 年 1 月 11 日于曼彻斯特

致燕妮·马克思（女儿）

我亲爱的孩子：

我原来准备明天离开曼彻斯特，但是恐怕在星期天（1月15日）以前走不成了。我必须和厄内斯特·琼斯谈谈，而他现在正在附近几个城市里忙于工作，他邀我（和恩格斯）在本星期五晚上到他那儿去，那时他将回家来。我还没有和他见过面，以前没有可能会面。这是我延期的原因之一。另外还有一些其他的原因，但是无论如何我不会在这里待到星期天以后。

《美因兹日报》转载了《告工人阶级书》[47]的德译文，《柏林改革报》和伦敦《海尔曼》转载了《给林肯的公开信》[48]。自然，我们得到这种荣誉应当归功于尤赫先生的担心，他深恐他的竞争者本德尔将要独占"我们的青睐"。

这里的气候很讨厌。今天,正如弥勒所说的,"阳光灿烂",可是阳光却照射在肮脏街道的冰块上。在这里甚至阳光也只好永远照着讨厌的东西。

我还没有见着博尔夏特家的任何人,而龚佩尔特家的人,我到昨天晚上才和医生谈了几分钟。

我到达这里的时候,没有见着弗雷德里克。我看到了他留下的便条,说他猎狐去了,到六点钟回来。而且,他早已做了一切必要的准备,以便恭候 *entrée joyeuse*[49](你有丰富的历史知识,不用猜就知道 *entrée joyeuse* 是什么意思)。他这次搬家是不是搬到了较好的地方,还是一个有争论的问题。不过无论如何,房东都不是那种蛮横的人。

附带说一下。近来在弗莱里格拉特的一伙人中"丑闻"层出不穷,因为这伙人和瑞士银行总行有关系。日内瓦出现了抨击文章,揭露了弗莱里格拉特的"天然首长"法济的可耻的财务问题。[50] 法济被迫辞去该行总经理的职务,而"为了挽救还能挽救的一切"(一字不差地这样说),委任了犹太人莱纳赫担任他的职务,另外还派了一个法国人以及卡尔·福格特做他的助手。福格特用最卑鄙的手法背叛和攻击法济,公开指责自己以前崇拜的对象,而福格特实际上是这个人的"亲信"。

您或许已经知道,《社会民主党人报》的第一个"预订号"已经被柏林警察当局没收了。[51] 从实质上说,这是一件大好事。这些家伙很需要这种小小的政治"折磨"。

但愿家里一切都顺利。猫儿不在家,老鼠闹翻天。请代我问候妈、"成功"、"我自己的"和"先知"[52]。亲爱的亚伦,我昨夜梦见了你。我梦见你穿着自己那套运动服,巧妙地表演了达文波特的戏法[53]以后,作了几次极其惊人的翻腾,几乎飞到空中去了。我的老朋友的这种成功使我充满了骄傲的感情,使我的自豪感得到很大的满足,我也清楚地回想起很久以前你在旷野上在金犊前面所表演的不太轻盈的舞蹈。[54]

把附上的信给妈看看。她一定记得从巴黎来的博胡姆－多尔夫斯。他现在已是十个孩子的幸福的爸爸,和孩子们一起在人间"游荡"。

(《马克思恩格斯全集》第 31 卷第 446—448 页)

1865年7月3日于伦敦

致爱琳娜·马克思[55]

亲爱的小人国小姐:

您要原谅我回信"迟延"了。我这个人在决定一件事情以前总要想上两遍。所以在我收到我一点也不知道是哪个调皮鬼给我的请帖以后,我真有点糊涂了。但是我相信,您一定办得很光彩,您同包办筵席的人一定安排得很体面,我很愿意借着这次多少有些意外的机会来享用您的饮食。但是请您不要看轻喝的东西,据说女孩子是有这个坏习惯的。我有风湿病,所以希望在您的客厅里不要有穿堂风。必要的通风,我自己会来安排的。我的右耳有些聋,所以请您在我的右边安排一个谁也不喜欢同他交际的不爱说话的家伙。在我的左边希望您安排一个美人儿,也就是说,您的客人中的最美丽的女士。

我有嚼烟叶的习惯，请把烟叶准备好。我从前同美国佬打过交道，因而染上了吐痰的习惯，希望痰盂多放几个。因为我的举止很随便，我受不了这种闷热的英国空气，所以您应当做好准备：我要穿象亚当那样的衣服来。我希望您邀请的女客也穿这种衣服。

再见，我亲爱的不认识的小淘气鬼。

永远是您的　怪人博士

希望不要有英国酒。

(《马克思恩格斯全集》第 31 卷第 480—481 页)

1866年3月16日于马尔吉特[56]

致燕妮·马克思（女儿）

我亲爱的孩子：

我昨天晚上七点三刻到达这里。按照你的意见，我把行李存放起来，单身乘公共马车到一个名叫"王徽"的不大的旅馆里去。我要了一份炸肉排，走进灯光十分暗淡的餐厅的时候，我吃了一惊（我胆小的毛病你是知道的）：我看到一个瘦长的、古板的人，象是介乎牧师和商品推销员之间的什么人物，独自一动不动地坐在壁炉旁边。我从他毫无表情的呆滞的目光断定，他是个瞎子。使我深信这一点的还有，在他的膝盖上放着一块狭长的、白色的、排列有匀称的小窟窿、象围巾一样的东西。我猜想，瞎子拿着故意剪成这样的纸，是为了把旅客的施舍物收在里面。当晚餐给我端来的时候，瞎子微微动了一下,缓缓地脱下鞋子,把他的一双大脚放在炉火边取暖。由于这个愉快的景象,由于想到他失明,以及由于那块炸肉排——它原来一定是一头病牛身上的一部分,——我在马尔吉特的第一个夜晚过得不是特别愉快的。可是我的卧室是舒适的,床铺整洁柔软,睡得很香。

当我早晨吃早饭的时候,昨天那个陌生人走了进来。原来他是个聋子,而不是瞎子。使我特别弄不清楚的那个东西——就是放在他膝盖上的那块白色的东西——原来是一块形状特别的、浅灰色的带黑圆点的手帕;我把这些黑圆点错当做了小窟窿。因为这个人老是使我难受,我很快付清了账,乱走了一阵,发现了我现在这个紧靠海边的住所,有一间宽敞的起居室和一间卧室——十先令一星期。我已经同他们说定,如果你到这里来,这间卧室将免费供你使用。

我先洗了一个温海水澡。真令人神往。这里的空气也令人神往。多么新鲜的空气!

这里的公寓现在都空着,我从图书馆馆员那里打听到,它们大概还没有做好准备接待客人。至于餐厅,不容易找到好的,但是这个障碍也会慢慢克服。

现在请代我向全家衷心问好,再见。

你的　摩尔[57]

今天我已经步行了五小时。

(《马克思恩格斯全集》第31卷第503—504页)

1866年3月20日于马尔吉特

致劳拉·马克思[58]

我亲爱的白鹦鹉[59]：

真是个好消息！我看格拉赫夫人比格拉古兄弟俩的母亲好。[60]我很高兴我住的是私人的房子，而不是旅馆或饭店，不然的话，就未必能避免关于当地的政治、教区的丑闻和左邻右舍的是非的那种令人厌烦的议论。但是我仍然不能象迪河岸上的磨坊主那样歌唱："我不关心人家，人家也不关心我"[61]，因为这里有我的女房东——是个聋子，象个树桩，还有她那个嗓音总是嘶哑的女儿。不过，她们是非常好的人，殷勤而不使人厌烦。至于我自己，则已经变成一根游荡的手杖，白天大部分时间散步，呼吸新鲜空气，一睡就是十个小时，什么也不阅读，写得就更少了，完全陷入佛教视为人类极乐的精神虚无状态。然而，尽管如此，我也不会在星期四[62]变成可尊敬的芭伊－芭伊[63]幻想中那样一个如画的美男子。脸右边的牙痛还没有完全好，同一边的眼睛又发了炎。眼睛真的只剩了一条小缝，而且得了一种坏习惯，想流泪就流泪，一点也不顾它主人的情绪。要不然我一定照了相，因为在这里十二张四寸相片只要三先令六便士，而四十八张只要十先令。如果"小妈咪"[64]能到霍尔先生那里去为我定购一点治眼睛的锌溶液（他一定知道这种液体的成分），我将非常感激；希望在我到达伦敦之前他就能配好。那只发炎的眼睛使我夜不成眠。在其他方面觉得好些了。

只要稍许离开海边到附近的农业区去走走，就可以到处碰到上面有《牛瘟》字样的大木板牌，这些大木板牌会使你不愉快地联想到"文明"。木板牌上都贴有一张政府的法令，这项法令是上下两院畜牧业巨头议员们在议会开会时向政府猛烈进攻的结果。[65]

啊，英明的皇帝维斯瓦米特拉，

你是多么愚蠢，

为了一头母牛，

你竟然吃斋并想奔去战斗！[66]

但是，如果善良的国王维斯瓦米特拉象一个真正的印度教徒那样，为了拯救母牛撒巴拉而苦苦地折磨自己，那末完全具有现代殉教者风度的英国绅士，却为了因自己的母牛生病而奖赏自己，宁愿叫人民放血。非使他们绝对服从不可！号角在响，号角在响，聪明的芭伊－芭伊多么热情地用各种调子一再重复着。

星期日我下决心步行到坎特伯雷去。可惜我是在用了两个小时把整个码头等地方来回走遍了之后，才作出这个重要的决定。因此在我到大主教府邸，或者到你更喜欢的主教辖区去以前，我体力已经耗费得过多了。要知道，从这里到坎特伯雷有整整十六英里。我从坎特伯雷到马尔吉特是坐火车回来的，可是还是累过了头，整夜都没有阖眼。背和腿倒不痛，但是脚掌痛得要命。关于坎特伯雷，当然，它的一切你都知道——无论如何比我所能夸耀的多些，——因为你的伊夫斯[67]是所有英国夏娃的可靠知识泉源（难道你在交往中坚决不说不好的双关笑话了吗）。不过请注意：萨克雷做得还更坏一些，他让夏娃和母羊押韵。[68]

幸亏我由于太累，而且当时已经太晚，没有去参观有名的大教堂。坎特伯雷是个古老的、极难看的、中世纪类型的城市；从两边把旧式的建筑物围起来的一些现代的英国式兵营和一个不美观的凄凉的火车站，丝毫没有使这个城市显得漂亮些。这里也一点没有在大陆上这类古老的城市中所能看到的那种诗意。在大街上傲慢地走来走去的兵士和军官多少使我想起了"祖国"。在曾经给我端来几小块冷牛肉的那个旅馆里，我听到了最无聊的谣言。有人说，上尉勒·梅尔尚在星期日夜间被警察扣住了，因为他挨户去敲所有最受尊敬的公民的门。由于这种天真的消遣,他将受法院审讯;威严的上尉就要向高贵的市议会议员低头。这就是我的整部《坎特伯雷故事集》。[69]

现在,白鹦鹉,代我向爱莉[70]问好,我过几天写信给她,她的信使我非常高兴。小妈咪也会在最近得到我的音信。

拉法格这个讨厌的小伙子以它的蒲鲁东主义来折磨我,而且,我要是不用一根结实的棍子揍他的克里奥洛人的脑袋,想必他是不会安静下来的。

向全家致良好的祝愿。

你们的　主人

奥尔西尼来得及收到我寄给他的信吗?

(《马克思恩格斯全集》第 31 卷第 508—511 页)

1866 年 8 月 13 日于伦敦

致保尔·拉法格[71]

亲爱的拉法格：

请允许我向您提出以下几点意见：

（1）如果您想继续维持您同我女儿[72]的关系，您就应当放弃您的那一套"求爱"方式。您清楚地知道，并没有肯定许婚，一切都还没有确定。即使她同您正式订了婚，您也不应当忘记，这是费时间的事。过分亲密很不合适，因为一对恋人在长时期内将住在同一个城市里，这必然会有许多严峻的考验和苦恼。我惊讶地看到您的举止在只有一个星期的地质年代里，一天一天地起变化。在我看来，真正的爱情是表现在恋人对他的偶像采取含蓄、谦恭甚至羞涩的态度，而绝不是表现在随意流露热情和过早的亲昵。如果您借口说您有克里奥洛人的气质,那末我就有义务以我健全的理性置身于您的气质和我的女儿之间。如果说,您在同她接近时不能以适合于伦敦的习惯的方式表示爱情,那末您就必须保持一段距离来谈爱情。明白人,只要半句话就会懂的。

(2)在最后肯定您同劳拉的关系以前,我必须完全弄清楚您的经济状况。我的女儿以为我了解您的情况。她错了。我所以没有提这个问题,是因为我认为在这方面应该由您采取主动。您知道,我已经把我的全部财产献给了革命斗争。我对此一点不感到懊悔。相反地,要是我重新开始生命的历程,我仍然会这样做,只是我不再结婚了。既然我力所能及,我就要保护我的女儿不触上毁灭她母亲一生的暗礁。要不是我直接干预(这是我的弱点!),要不是我对您的友谊影响了我女儿的行动,事情绝不会发展到现在这种地步,所以我个人就负有全部的责任。至于谈到您目前的状况,我偶然听到的、但也是不愿意听到的那些消息,是很难令人放心的。但我们暂且把这一点放下不谈。关于您的总的情况,我知道:您还是一个大学生;您在法国的前程由于列日事件[73]而断送了一半;您要适应英国的环境暂时还没有必要的条件——语言知识;您的成功的希望至少也是很靠不住的。我的观察使我相信,按本性说您不是一个勤劳的人,尽管您也有一时的狂热的积极性和有善良的愿望。在这些条件下,您为了同我女儿开始生活就需要从旁得到帮助。至于您的家庭,我一点也不了解。即使它有一定的财产,这还不能证明它准备给您一些资助。我甚至还不知道它对您所筹划的婚姻有什么看法。再说一遍,我很需要听到对这几点的明确的说明。此外,您这个坚定的现实主义者,不能期望我象唯心主义者那样对待我女儿的未来。您作为一个如此讲求实际以致主张取消诗的人,一定不愿意沉湎于诗中来损害我的女儿。

(3)为了防止对这封信的任何曲解,我向您声明:您要是想今天就结婚,这是办不到的。我的女儿会拒绝您的。我个人也会反对。您应该在考虑结婚以前成为一个成熟的人,而且无论对您或对她来说都需要长期考验。

(4)我希望这封信是我们两人之间的秘密。等待您的回信。

您的 卡尔·马克思

(《马克思恩格斯全集》第 31 卷第 520—522 页)

1866年8月28日于伦敦

致劳拉·马克思

我亲爱的白鹦鹉:

我收到了你的来信,可是已被拆开,因为它已经通过了皇帝[74]的有力的手指。

我总认为,要彻底完成对你的教育,还需要经过象住宿学校的那种训练。这对你是很有好处的。

愁容骑士[75]在他住房的拐角离开了我。因为在此以前他的内心已受到很大的震动,同我告别时他倒象英雄那样若无其事的样子。

向±∞干[76]致良好的祝愿。

附寄五英镑。其余的在下星期寄出。

你的顺从的　老头子

妈妈明天或后天要出远门。[77] 想使她动一动是需要很大的压力的。

(《马克思恩格斯全集》第 31 卷第 524—525 页)

1866年9月5日于伦敦

致爱琳娜·马克思

我心爱的±∞干[78]老师:

无论蒙您扮演什么角色——无限小的或无限大的,我对您的无限量真是佩服得五体投地。

您的信使我们非常高兴,读到老姑娘在博览会上突然爆发那一段动人的描写,我们简直笑破了肚皮。

大猩猩的后裔[79]弄得我烦死了。他好容易才同他所倾心的温柔的小老鼠[80]分了手。要是他能像我那样清楚地了解她,他自然还会更象在乌利斯坐船离开以后不能自慰的嘉丽勃莎[81]。如果她是嘉丽勃莎,那他可怎么也不象乌利斯,却非常象热恋中的怪人。可是他还是理应受到我的称赞,因为他从下午一点到晚上九点一直在翻译我为日内瓦代表大会的代表们草拟的《指示》[82]。他还非常热心地当裁缝，给你们缝制一些体操用品。最后一点（按次序而不是按重要性来说），就是他表现出十分专心地听我对他唠叨科学问题，尽管我同他对这种精神消遣都已经心不在焉。

前天，洛尔米埃夫妇来了，小黑人[83]也来了。老洛尔米埃借口想表演一套体操绝技给他看，就"秘密地"当然也是婉转地告诉他，在抽烟的时候，不要把痰不断地飞到壁炉里去。这两个人在厨房里秘密地讲好回到屋里以后，我们这位可怜的小黑人很沉闷，他的样子就象一个"乖孩子"。

老实说，我倒挺喜欢这个小伙子，但同时我也有一点嫉妒他，因为他想夺走我的前任的"私人秘书"[84]。

不要忘记快点写信告诉我，你一个星期要付多少钱。

该死的天气！希望它能转好。

小妈咪[85]的通讯处是："多维尔'玫瑰和王冠'旅馆古德班太太收"。再见了，我的亲爱的孩子。紧紧地吻你和永生的白鹦鹉。

你的 [86]

不要给妈妈写信，因为她可能在星期五早晨离开多维尔到别的地方去。

（《马克思恩格斯全集》第 31 卷第 528—529 页）

1866 年 9 月于伦敦

致劳拉·马克思

我亲爱的白鹦鹉：

你应当原谅我只写这几行。我们希望附上的三英镑汇票能在第一次邮班、即在上午 11 点以前寄出。请费神写信告诉我们，你下星期坐哪次列车离开海斯丁斯，以及什么时候到达这里。

可怜的孩子，这次牙痛你本来是可以避免的，如果你听我的劝告，去找我的私人"牙医生"医治的话。

你的上一封信使我们非常高兴（除了说你牙痛以外），因为我们从信中得知，我们的白鹦鹉能够多么沉着坚定地行动。

告诉古古[87]，灾祸就要临头。皇帝[88]觉得他被自己的臣民遗忘了，因而有些抱怨。

忠实于你的　老头子

（《马克思恩格斯全集》第 31 卷第 527 页）

1866年12月7日于伦敦

致保尔·拉法格

亲爱的拉法格：

星期一以前必须结束的工作，占去了我全部时间，因此无法立即给您回信。如果您觉得我写给您的独白太尖锐，因而感到委屈，那末请您原谅。您不要生气，即使在您有理的时候。

祝好。

卡尔·马克思

（《马克思恩格斯全集》第31卷第539—540页）

1867 年 5 月 5 日于汉诺威

致燕妮·马克思（女儿）

我亲爱的孩子：

你的来信使我非常高兴。它是用真正皇帝[89]的笔调写的。我希望，在见到你的时候，你已经长得更丰满、鲜艳，象五月的玫瑰。

随信附去的照片，本应在你的生日[90]寄给你，但那时没有洗好。在我的照片下面还有一张田格夫人的照片（附带说一下，她是埃德加尔[91]常向我们谈起的贝尔姐妹的姑母）。其实，她的真人远没有她的照片那样漂亮。不过，她确实是一个很崇高的人，性情非常温柔，为人诚恳坦率。在她身上没有一点点"自命博学"的样子。她的英语、法语和意大利语（她是意大利血统）都说得非常流利。她虽然是一位出色的音乐家，但是从不妄谈艺术而使人生厌，相反,她憎恶这种行为。她是一个无神论者,对社会主义有好感,尽管她在这方面知道的东西很少。她的特点首先是非常善良和没有任何矫揉造作。我相信,你们和她很快就会成为亲近的朋友。库格曼夫人也是一位非常小巧可爱的女人。

今天,正逢我生日的时候,拿到了第一印张[92]来校阅。我担心,书印出来也许会太厚。因为复活节周的关系,4月29日以前没有开始排印,迈斯纳对这种延误气得要命。但是,这段时间并没有白过。几乎所有德国报纸都刊登了出书的广告。库格曼的联系很广,所有的关系都利用起来了。

你生日那天,我们在这儿举行了隆重的庆祝。

除一部分资产阶级、律师等等以外,在汉诺威这里笼罩着仇视普鲁士人的强烈气氛,这使我很开心。

我听说你得到了一件意想不到的波兰礼物,心里很高兴。这类东西虽然没有什么市场价值,却有历史价值[93]。

战争的推迟只能归功于得比内阁。只要他还在当英国政府的首脑,俄国就不会发出战争的信号,——顺便说一下,这句话是真正科勒特的口吻。

哪一天回家,还不能说定。我还要等各地的来信。准备从这里取道汉堡(在那里我还要同我的出版商[94]见一次面)直接回伦敦。

我来这里后不久,就写了一封信给李卜克内西。他也来了回信。他的妻子已无法挽救了。灾难就要临头,她向你们大家问好。你们给她的几封信使她的精神得到很大的振奋。

黑格尔的照片需要去找,在汉诺威无法弄到。至于他的《历史哲学》,我将设法在伦敦找到。

我认为白鹦鹉早就该写封简短的信给我了,但我原谅她,因为她正在练习骑马。

再见吧,我亲爱的"乔"[95]。祝你们一切都好。

你的 老头子

附上几句给杜西[96]的话。

(《马克思恩格斯全集》第31卷第546—548页)

1867年5月13日于汉诺威

致劳拉·马克思

我漂亮的小白鹦鹉：

非常感谢你的来信，以及可敬的古古的来信。

你抱怨说，我没有显示一点还活着的象征，但是如果你重新把问题想一想，你会看到，一般说来，我每周都发出了信号。此外，你知道，我的性格是不大喜欢"感情外露"的，我习惯于闭门不出，懒得写信，懒得活动——换句话说，我象古古所说的是一个胆小的男人。

后天我将离开汉诺威，大概会乘第一班轮船由汉堡返回伦敦。但是，你不要等我告诉你回来的日子和时间。我还有一些事情要和我的出版商[97]商谈；不管怎样，这是我留在大陆上的最后一星期了。

我非常高兴，我的照片受到了这样好的接待。无论如何，照片比真人给你们带来的麻烦要少一些。

至于田格夫人，我对你的问题——她长得怎么样？漂亮吗？——感到很诧异。我把她的照片藏在我的照片下面寄给了燕妮，怎么会丢了呢？但是，我还是回答你的问题：她三十三岁，是五个孩子的母亲，她与其说漂亮，不如说惹人喜欢，并且无疑不是专门喜欢说俏皮话的人。但她是一个杰出的女人。至于说到"调情"，那末，必须是一个有胆量的男人才敢。"钦佩"——我承认，而在她那方面，则对你的非常顺从和"谦逊的"君主或许有点估计过高。你知道，尽管谁也不能在自家的粪堆上（象征地说）成为先知，但一个人很容易被别人估计过高，他们不是胡乱议论，就是胡乱吹捧，从一个很平常的人身上他们想找到什么就能找到什么。她已于上星期四离开汉诺威。

一周前，天气还寒冷多雨。现在已经夏意颇浓了。总的来说，此地的天气就象伦敦常有的天气那样糟糕而且变幻无常。只是空气稀薄些，而这是一件大事。

这些大陆居民的日子要比北海对岸我们那里好过一些。在这里只要有两千塔勒（三百英镑）就可以过得很舒服。例如，这里有各式各样的花园（类似克勒莫恩花园）[98]，但是"很有气派"，那里可以遇见各种游客）；它们比伦敦任何花园都布置得有意思得多，每天晚上,那里都演奏悦耳的音乐等等,只要花两塔勒(六先令)就可以买一张可供全年使用的游园证,而且全家都可以使用!这只是说明这里的普通人所过的低廉生活的一个例子。青年们进行娱乐比较放任自由,而且相对来说,几乎不要什么破费。当然,所有这一切都有一个很大的缺点,就是气氛有些枯燥单调。这里的生活太低级。这是小人儿的命运,你无须往高处站,就能感到象格列佛到了小人国一样。

今天早晨收到了从柏林寄来的一些相当"激动人心的"信件。看来,人们担心工人同警察发生冲突。这一次我没有抱多大希望,但是,某种东西正在成熟。德国各大中心的工人阶级,在开始采取比较坚定和强硬的态度。总有一天,这里会大干一场的!

而现在,我的可爱的小雀眼、白鹦鹉、秘书、厨娘、骑手和诗人[99],再见了。向小妈咪、"古古"和"奎奎"、海伦[100]以及最后(但并非最不重要),向我们"共同的朋友"[101]致良好的祝愿。再见。

你的君主　老尼克[102]

附上黑格尔的照片,这是库格曼送给拉法格先生的。

(《马克思恩格斯全集》第 31 卷第 548—550 页)

1868年4月11日于伦敦

致劳拉·拉法格和保尔·拉法格

我亲爱的白鹦鹉：

你知道，我懒于写信，但这次我右手的罪过要归咎于左手的毛病。在这种情况下我特别感到我的秘书不在，否则她自然会以我的名义写出极其美妙的书信的。

从你和你丈夫（原谅我用这样的"措辞"，因为波克罕的"作品"[103]还不时地在我耳边嗡嗡作响）的来信，我高兴地知道，你们的蜜月旅行过得幸福愉快，一切外界条件——春色、阳光、空气和巴黎的娱乐——都有利于你们。至于上述这位丈夫，他在这种关键时刻给我寄来了书籍，这比任何语言都雄辩地证明，这个"年青人"生性善良。这个简单的事实已经证明，他属于一个比欧洲人种更好的人种[104]。顺便提一下，既然我们已经谈到了书籍问题，你就到吉洛曼公司[105]（黎塞留街14号）去一趟，买一些该公司出版的1866—1868年图书通报（经济方面的）。你还可以去一下"国际书店"（蒙马特尔林荫路15号），向他们要一些目录（1865—1868年）。当然，如果你搞到了这些东西，可不必寄来，等你返回这个无聊的地方时随身带来就行了。

我等候迈斯纳把我的书[106]寄三本来。我收到后，将寄给塞扎尔·德·巴普两本，其中一本给他本人，另一本给阿耳特迈耶。此外，如果你有时间跟席利见面（就是说，你给他去信，地址是圣昆廷路4号，让他来见你），你就向他了解一下，我给雅克拉尔、泰恩和勒克律寄去的那三本书怎样了。如果找不到雅克拉尔，可以把他的那一本交给阿耳特迈耶，因为迈斯纳寄这些书太慢。但在这种情况下，应该告诉我一下。我亲爱的孩子，你也许会认为，我太喜欢书了，以致在这样不适当的时刻为了书的事还来打扰你。但是你大错特错了。我只不过是一架机器，注定要吞食这些书籍，然后以改变了的形式把它们抛进历史的垃圾箱。这也是一种相当枯燥的工作，但毕竟比格莱斯顿好些，他不得不日日夜夜去苦心体会一种叫作"严肃性"的"心情"。

我们这里感到很冷清。首先，你同"沉默寡言的"南方人走了，而后恩格斯也离开了我们。昨天晚上我们家里没有"骚动"，而是洛尔米埃一家来作客。我同路易下了两盘象棋,让他赢了一盘。你猜这个古怪的小伙子卡列班在告别时用最庄重的语调对我说了什么?——"但愿您对我不要见怪。"

再见吧,我亲爱的白鹦鹉。

老尼克

亲爱的拉法格:

你是否认为,同年轻可爱的妻子旅居巴黎比从事政治活动愉快得多?当您父亲[107]到巴黎时,请代我向他致良好的祝愿,而主要的是,您和劳拉要想法使他在那里过得尽可能愉快些。他现在视力差,需要开开心,而最能使他开心的,莫过于年青的一对把与老人一起度过的短暂时间全部贡献给他。我用德文给你写的用意是,要不要将这几行字的内容告诉私人秘书[108],由您酌定。衷心问好。

忠实于您的　卡·马·

(《马克思恩格斯全集》第 32 卷第 532—534 页)

1869 年 4 月 26 日于伦敦

致爱琳娜·马克思

我亲爱的小古古：

我很久没有写信，你可要原谅。我现在正全神贯注地工作。

首先说说你的动物[109]。萨姆博几乎和我形影不离，它是想用这种或那种方式来补偿它的最高统治者不在家的损失。布莱基一切如常，象个绅士，不过象个很枯燥无味的绅士。托米又一次尽了她的全部力量来证明马尔萨斯理论的正确性。海伦[110]今天似乎要消灭这个老妖婆的新后代。惠士基，这个善良的庞然大物，起初就象卡丽普莎一样无法安慰，并且由于你的离开而陷于绝望。它拒绝啃最好的骨头，根本不走出你的卧室并且整个说来表现出"美好心灵"沉痛的一切征象。只要一提起你的名字，它就要发狂。迪基原来是个很好的歌手,我们俩通过共同"练习"争先恐后地发挥自己的音乐才能。不过有时当我开始吹口哨时,迪基就象路德对待魔鬼一样对待我,它转身把自己的……冲着我。约科又出现了,但是它的情绪非常坏。它断定你不在以后,就神情忧郁,尽管海伦多次想抚摸它,它总是拒绝。使约科伤心的另一个原因是,园丁把小花园收拾整齐了,而约科正当地认为这个世界是它的领地和官邸。约科现在失去了它所欣赏的小丘、洞穴、小坑和一切优美的紊乱状态。

至于其他"动物",他们不属于不会说话的动物之列,而恰恰相反,是非常饶舌的,他们完全能出色地报告自己的情况,我现在对他们只字不提。

星期五晚上我在比斯利家吃饭。在场的除我外还有克伦普顿律师、荣克和杜邦。荣克讲了一通自己的功劳。他讲到,他在一些地方作了什么样的"成功的〈原话如此!〉演说",在另一些地方说了什么样的"俏皮话"。在这个充满"世界性悲伤"、不满和烦扰的世界上,当你遇到一个人很"幸福",他不仅有一件衬衫,而且还有一个女人及其他好东西的时候,是会不由自主地感到高兴的。

明天我把《爱尔兰人报》寄给你。

非常感谢白鹦鹉的来信。

吻富希特腊。[111]

代我向非洲人[112]问好。格兰特任命了美国的第一个"黑"公使,如果他还没有从法国报纸上看到这消息的话,他听到后会非常高兴。再见,我的小古古!

你的 老尼克

(《马克思恩格斯全集》第32卷第589—590页)

1869年6月10日于曼彻斯特

致燕妮·马克思（女儿）

我亲爱的孩子：

我本来打定主意昨天离开曼彻斯特。但是恩格斯借口我来这里[113]的头一个星期还感到身体虚弱，坚持要我留到下星期一，我只好让步[114]。真的，他对我那样好，我不能断然不顾他的要求。

在我们到戴文希尔－阿姆斯去的三天旅行中，在波尔顿修道院附近，我认识了一个非常古怪的小伙子达金斯先生，他是个地质学家，为了绘制这个地方的地质概览图，暂住在约克郡的这个地区。你大概已经知道了，根据政府的决定，在拉姆齐教授的指导下，准备从杰明街开始测绘全英国的地质地图。穆尔本人是个地质学家。恩格斯和肖莱马通过他认识了达金斯。达金斯现在住在约克郡一个偏僻的农场主住宅里。这个农场主住宅过去是个修道院，它的下面一层现在仍然是个小礼拜堂。为了看望达金斯我们来到了这一带地方。达金斯很象个德国农民——小矮个，总是笑容满面；他的头型有点象猴子；除了上牙向前突出（这使我想起了已故的载勒尔夫人）外，他一点也不象英国人。他的衣着就象不整洁的、"衣衫褴褛的"雇农一样，马虎到了极点。领带以及诸如此类的文明用品，对他说来也是陌生的。他给人留下的第一个印象是：他是个鲁莽的小伙子；他的眼睛显示出他有一颗善良的心，他的嘴边浮泛着亲切的微笑，但是不能说他具有很大的才智。不过他还是个很有学问的人，甚至是一个热心于自己学科的人，而他在他的许多竞争者当中已经开始名列前茅。他天真得象个孩子，一点也不傲慢，不管谁想向他打听他的科学发现，他都随时见告。事实上，一些别的地质学家经常缠着他，目的不外是揩他的油，或者攫取他的研究成果来欺世盗名。的确，我们就碰见过他和两个这样的人交往：其中一个姓华德，是个腼腆的青年，另一个姓格林，是个厚颜无耻、刚愎自用的人。星期日，我们在达金斯住的农场那里吃了午饭，吃饭的那间屋子正好在小礼拜堂的上面。这间筑有主墙（我是说四面的墙很厚）的屋子显然是以前修士聚会的地方；从这里眺望，可以看到苍葱茂盛的树木，似带环绕的群山，嶙峋轩邈的峰峦，又有淡蓝色云雾萦绕其间，这种云雾曾使柯勒·贝尔为之倾倒。乡村风味的午饭虽然简单，但大家吃得非常愉快，非常满意，在吃午饭时从小礼拜堂里传来了青年们的歌声，因为隔着厚厚的墙壁，听起来好象歌声来自远方，这歌声有点象《浮士德》中的教堂赞美歌。

看来，我们的朋友达金斯有点象费里克斯·霍尔特[115]，不过不象后者那样装腔作势，而是有学识的（顺便提一下，这里的托利党说："费里克斯·霍尔特是个 rascal〔恶棍〕"，而不是"radical〔激进派〕"）。他每星期都要邀请一些工厂的小伙子，请他们喝啤酒，抽烟丝，并同他们谈论社会问题。他是个"天生的"共产主义者。当然，我不免要同他开点玩笑，警告他别让埃利奥特夫人遇见，因为她会立刻抓住他，把他写进她的文学作品。他已经写信给穆尔要加入国际。所以我把会员证给他带去了，他交了十先令入会费，这个数目对他来说相当可观了。这些人从事那样繁重的脑力和体力劳动，每年才得一百五十英镑。如果这纯粹是一种竞争的事情，政府用这样的薪水是雇不到这些人的，但是他们中间大多数人充满了研究"地质学的"热情，利用给他们提供的条件来进行自己的探讨。他们持有责成每一个地主、农场主及其他人不得阻碍他们进入自己领地和农场研究土壤结构的证件。达金斯非常滑稽和幽默。他常到一个农场主的庄园里拿出工具来就开始工作，这时农场主来了，怒声呵叱这个没有礼貌的外来人，命令他滚开，否则就要叫他领教一下猎犬的牙齿或者尝尝链枷的滋味。达金斯装作若无其事，继续干自己的工作，并用一些开玩笑的话去刺激这个粗暴的家伙。等这场滑稽剧达到一定的高潮，他便掏出自己的证件，于是那条恶狗便软下来了。当我们在他那儿闲坐时，他顺便让我看了一下最近一期《双周评论》上赫胥黎的文章[116]，在这篇文章中赫胥黎把老康格里弗挖苦痛骂了一顿。达金斯也是孔德主义者或实证主义者的死敌。他同意我的看法，他们除了自高自大以外没有任何实证的东西。我的朋友比斯利则被他列入那些错误地把自己的奇谈怪论当作科学的"学理主义者"之中。在同一期《双周》上还载有穆勒评论桑顿的《资本和劳动》的第二篇文章。他的评论使我相信，他们两个都是微不足道的人。达金斯是我们的邻居，因为他（在伦敦时）同他的法学家父亲住在基尔本。

昨天晚上我出席了龚佩尔特举行的盛情难却的茶会。岁月给龚佩尔特夫人留下了难以磨灭的印记。我从来还没有看见过这样大的变化。希腊人的鼻子所表露的那种伪善消失了，显出了一种真正犹太人的特点；她皱纹满面，骨瘦如柴。她说话有喉音，在一定程度上这是上等人的一种可诅咒的特征。她认为坐公共马车、看大众焰火或者靠近池座观众看戏，是最不愉快的事，因为卑贱的平民身上有臭味。她在谈到这点时说："我喜欢干净的人群，而不喜欢肮脏的人群"（I like the clean million, but not the dirty million）。我装作以为她说的是"干净的百万"[117]，于是我说，人们一般总是认为一百万干净的英镑，比任何一百万人（不管是洗过的还是没有洗过的）要好。

再见吧，我亲爱的孩子。向全家致良好的祝愿。星期一我一定动身。杜西现在容光焕发，在曼彻斯特多待一些时候，对她将是有益的。

你的　老尼克

（《马克思恩格斯全集》第32卷第600—603页）

1869 年 9 月 25 日于汉诺威

致劳拉·拉法格

我亲爱的白鹦鹉：

遗憾的是，我不能在家里[118]为我可爱的明亮的小鸟眼睛庆贺生日[119]，但是老尼克的思想永远和你在一起。

你被锁在

我的心窝里

我从妈咪[120]的来信（她这封信写得和平常一样令人入迷，她是书翰艺术的真正能手）高兴地得悉，你的健康在好转。但愿我们可爱的小施纳普斯[121]也很快恢复健康。同时，我完全同意库格曼的意见，即应当立刻请威斯特医生诊断一下（或者他不在时就去请别的医生）。我希望，在这种情况下你和拉法格会服从我作为父亲的权威,你非常清楚,我是不习惯于运用这种权威的。给小孩看病比什么都困难。没有任何别的情况比这更需要采取紧急措施了,任何耽搁都会非常有害。无论如何你们不应当急于离开伦敦。这对小孩的确是危险的,对你们自己也不会有任何益处。在这方面每一个医生都会向你提出同样的劝告。

我很高兴,巴塞尔代表大会[122]闭幕了,而且会开得还比较好。每当党带着"自己的全部溃疡"出现在公众面前的时候,我总是感到不安。在登场人物当中谁也没有站在原则高度上,但同上等阶级的愚昧无知比较,工人阶级的过失是微不足道的。在我们沿途经过的德国城镇中,没有一个城镇的地方报纸不对"这个可怕的代表大会"的活动充满了恐惧。

我们待在这里有点困惑不安。一提起要很快动身,库格曼一家连听也不愿听。况且由于换了空气和改变了环境,燕妮的健康已大大好转。

过几天我可能同李卜克内西在不伦瑞克会见。我不想到莱比锡去,而他不能到汉诺威来,因为在国会休会期间,普鲁士人可能会给他优先提供免费房间。[123]

非常感谢保尔的详细来信[124]。衷心问候全家,并千百次地吻你和我的可爱的小施纳普斯。

再见吧,可爱的孩子!

永远属于你的　老尼克

[马克思在信的最后一页上写着:]

给劳拉

(《马克思恩格斯全集》第 32 卷第 620—621 页)

1869年10月18日于伦敦

致保尔·拉法格和劳拉·拉法格

我亲爱的保尔和劳拉:

今天给你们寄去凯累尔先生的译稿[125]。我找不到他的地址,因此你们只好通过席利向莫·赫斯打听一下。

告诉凯累尔先生,让他继续译。总的说来我对他的译文感到满意,虽然文字不漂亮,译得又太马虎。

最好每一章他都通过你们寄给我。至于第四章,我将把它分成几节。

第二章里我修改的地方不是非改不可的,不过它们表明我希望按这个方向去修改。

关于 Verwertung ["价值增殖"] 一词,请注意我在他的译稿第

12页上所提的意见。他应当就这个词给法国读者加个注释。

我怀疑，经常把词的字母稀疏排开对法国排字工人是否方便。

在德语中，我们使用 *Prozeß*（procès）["过程"]一词是针对经济发展而言，就象你们说"化学过程"一样，如果我没有弄错的话。他把这个词译成 *phenomena*["现象"]，就没有意义了。如果他找不到另外的词，就让他统统译成 *mouvement*["运动"]或别的什么同义词。

替我吻亲爱的施纳普斯。

你们的　老尼克

我收到了一封圣彼得堡的来信。一个俄国人给我寄来了他写的一本关于这个黑暗不堪的国家的农民和整个劳动阶级状况的著作（用俄文写的[126]）[127]。

[保·拉法格注]

让凯累尔注意，文中用虚线标出的那些词要保留。

(《马克思恩格斯全集》第32卷第622—623页)

1869 年 7 月 10 日于巴黎

致弗朗斯瓦·拉法格[128]

我亲爱的朋友：

我星期四晚到达这里，星期一将返回伦敦。

您的来信我读了几遍，看来，您以为我的妻子仍然留在这里。这是一个误会。最使我感到惊讶的是，劳拉的病仍然很重，身体很弱。

我一开始就提到这一点，因为这可以说明我们的保尔为什么表面上看来有些消极。他没有中断自己的学业，但对于采取必要的措施来通过考试却漫不经心。

我为此责备过他，他回答我（我必须向您说明，他有权这样回答我）说："在考虑将来之前，我应当顾及现在。劳拉的健康状况要求我给予最细心的照料。她的健康状况甚至不允许我离开片刻。为了不使您和我家感到不安,我想隐瞒真相。劳拉和我作过各种努力不使马克思夫人发生怀疑。"

我同保尔请来的一位很好的医生交谈过。他告诉我,劳拉非常需要海水浴;他建议到第厄普去,因为作更长的旅行会使她的健康恶化。

此外,保尔答应我,从第厄普回来后,他将竭尽全力争取在最短的时间内通过自己的医生考试,等等。

我应当坦率地告诉您,我女儿的健康状况使我非常不安。

我们的外孙[129]是个非常漂亮的孩子。我从来没有看见过这样完美的小脑袋。

请代我向拉法格夫人问好。

我亲爱的朋友,请接受我真诚的祝愿。

您的 卡尔·马克思

(《马克思恩格斯全集》第32卷第610—611页)

1870年3月5日于伦敦
致劳拉·拉法格和保尔·拉法格

亲爱的劳拉和保尔：

你们一定对我长期不写信很不满意，这是完全应该的，但是你们应当原谅我，首先是因为生病，其次是我需要用加倍的工作来补偿失去的时间。

保尔通知我们的可悲消息，我并不感到意外。[130]在收到他来信的前一天晚上，我向家里人说，我很为小孩担心。我自己为这种损失忍受的痛苦够多了，因此我深深同情你们。但是，我根据亲身的体验也知道，在这种情况下，一切好听的老生常谈和宽慰话只能加重真正的痛苦，而不会减轻它。

我希望得到你们关于小施纳普斯、我最宠爱的宝贝的好消息。

这个可怜又可爱的小家伙可能冻得够厉害的,因为寒冷对"黑肤色血统的人"[131]是非常有害的。顺便提一下,有一个叫德·戈宾诺的先生,大约十年前发表过一部四卷本的著作:《论人种的不平等》,他写这本书首先是要证明,"白种人"仿佛是其余的人的上帝,而"白种人"中的"高贵"家庭则自然是这些上帝的选民中的精华之精华。我认为完全有可能,当时任"法国驻瑞士外交使团一等秘书"的戈宾诺先生不是某个古代法兰克军人的后裔,而是一个现代法国看门人的后裔。不管怎么样,他尽管仇视"黑种人"(对这样的人来说,认为自己有权鄙视别人始终是他们得到满足的源泉),却宣布"黑人"或"黑色血统"是艺术的物质来源,而"白色民族"的一切艺术作品都取决于这些民族同"黑色血统"的混合。

我亲爱的前任秘书[132]的最近一封来信使我非常高兴,保尔关于在穆瓦兰家里开会情况的描述也使人非常开心[133]。

这个"未经公认的大人物"看来终究找到了"沽名钓誉"的诀窍。以往每当他快要捞到名誉的时候,名誉就狡猾地从他的手中滑掉了。他发现,为了征服世界,只要用自己的四堵墙把这个世界围起来就行了,在这个围墙内他可以自封为总统,可以拥有一批用师长的语言[134]发誓的听众。

这里家中情况你们非常清楚,芬尼亚社社员占绝对统治地位。杜西是他们的"首脑"[135]之一。燕妮代表他们用燕·威廉斯的笔名给《马赛曲报》写文章。我不仅就这个题目在布鲁塞尔《国际报》上发表了文章[136],而且在总委员会内争取到通过了一项反对他们的狱吏的决议[137]。在总委员会给我们在各个国家的委员会的通告信中,我阐述了爱尔兰问题的意义[138]。

你们当然了解,我不仅仅是从人道出发的。除此以外还有其他一些原因。为了加速欧洲的社会发展,必须加速官方英国的崩溃。为此就必须在爱尔兰对它进行打击。这是它的最薄弱的环节。爱尔兰丧失了,不列颠"帝国"也就完蛋了,这样至今一直处于昏睡缓滞状态中的英国阶级斗争,将会激烈起来。要知道,英国是全世界大地主所有制和资本主义的大本营。

听到布朗基的什么消息没有?他是否在巴黎?

你们没有听到我的翻译凯先生[139]的任何消息吗?我依然处于困境。

弗列罗夫斯基的书《俄国工人阶级的状况》是一部卓越的著作。我很高兴,现在能够查着字典相当快地阅读它。这本书里第一次充分地描述了俄国的经济状况。这是一部非常认真的著作。作者在十五年中周游全国,从西部边境到西伯利亚东部,从白海到里海,唯一目的是研究事实,揭露传统的谎言。当然,他对俄罗斯民族的"无限完善的能力"和俄国形式的公社所有制的天意性质还抱有一些幻想。但这不是主要的。在研究了他的著作之后可以深信,波澜壮阔的社会革命在俄国是不可避免的,并在日益临近,自然是具有同俄国当前发展水平相应的初级形式。这是好消息。俄国和英国是现代欧洲体系的两大支柱。其余一切国家,甚至包括美丽的法国和有教养的德国在内,都只具有次要意义。

恩格斯打算离开曼彻斯特,于今年8月初定居伦敦。这对我将是很大的幸福。

再见吧!我亲爱的孩子们。不要忘记代我吻吻可爱的小施纳普斯。

老尼克

(《马克思恩格斯全集》第32卷第642—647页)

1870年5月31日于曼彻斯特

致燕妮·马克思（女儿）

我亲爱的孩子：

长时间得不到伦敦的信息，我们开始有些担心，但是你的来信[140]驱散了疑云。我想，我们待在这里的时间不会超过下星期初。

我的感冒还没有完全好，但是由于换了空气，整个健康情况大大地改善了。我和龚佩尔特几乎每天见面，他的治疗越有效，他的收入就越少。

这里的情况基本上还是老样子。弗雷德[141]自从摆脱了"该死的商业"以来非常高兴。他关于爱尔兰的著作[142]将是很有意义的。不过，这部著作占去他的时间比他开始设想的要多一些。著名的"达不留"[143]对爱尔兰现代史如此精通，在爱尔兰史上起着如此卓越的作用，她将会在这部著作中为自己找到现成的编年史资料。

朗格的著作[144]和"爱尔兰焖肉"不同的地方在于：它全是调料汁而没有肉。这个硬充内行的蠢汉，显然想用他的"糖浆"来换取我的一些称赞，但是他大错而特错了。他对《资本论》究竟读懂了多少，从他的下述发现中便可以明显地看出来：他认为我的"价值"理论同我的关于"劳动日"的论述毫无关系等等。

我们的朋友龚佩尔特越来越堕落了，变成了自由主义的吹牛家、街头谣言的传播者、鄙俗的人。从他自己所建立的和他"继承"下来的家庭来看，这也不足为奇。这类好事实在是太多了。

杜西英姿焕发，非常快活。她高兴地发现摩宁顿宫[145]的动物界又增加了一窝新生的小猫等等。当然，她向弗雷德反复盘问过关于"威胁信"的事情，他认为邮寄的信件中涉及这种事是危险的，因为这种信件会偶然引起某个施梯伯的注意。据我所知，真正的施梯伯正在巴黎精心炮制一件新的密谋案，在这个密谋案中国际工人协会应扮演主要角色，我自然也应以施梯伯很久以前的被保护者和"真正最高秘密领袖"的身份出现。

当我在写这封短信的时候，可恶的弗雷德不断地打扰我，他不停地朗读古老的挪威史诗的"片断"。说到挪威史诗，我顺便想到，妈咪[146]星期日是否去听卡·布林德的充满诗意的讲演了？

小达金斯是星期六晚上来的，在这里过的星期日。他是来访问杜西和我的。这个威武的地灵不时地哈哈狂笑。他的衣着比以往任何时候都马虎，——棉布领子竖立着，不扎领带，不戴苏格兰的鸭舌帽而戴了一顶肮脏的白帽子，脚上穿着就象海滨浴场上人们穿的那种白鞋。在我们星期天散步的时候——肖莱马和穆尔当然也参加了——他在人们面前获得了非凡的成功。他给人留下了强烈的印象。

好吧，请著名的"达不留"代我向妈咪和琳蘅[147]致良好的祝愿。我这里非常缺少《马赛曲报》和巴黎的一切消息。席勒俱乐部[148]只订有《时报》，这大概是所有法国报纸中最枯燥的报纸。此外，它的主编是个叫作讷夫策的亚尔萨斯人。

祝你健康，我的著名人物！

老尼克

（《马克思恩格斯全集》第32卷第668—670页）

1871年6月13日于伦敦

致女儿燕妮、劳拉和爱琳娜

亲爱的孩子们:

我病了一个半月之后,健康又完全恢复到目前情况下所能恢复的程度。另外,在我们家里,真是一塌糊涂,粉刷、油饰、上色、裱糊,弄得乱七八糟。最近几天来,嘈杂声和经常的从一处往另一处搬动,完全毁坏了我的神经系统,因而我在将军家里住的时间,要比在自己家里住的时间还多。

我很想得到关于燕妮健康状况的更详细的消息。我担心——我从字里行间看出,——她还没有完全恢复健康。总的说来,现在在征询了著名医学专家的意见和获得全面的情况之后,我认为你们都应当离开法国的比利牛斯地区,搬到西班牙的比利牛斯地区。[149]那里的气候要好得多，而你们在那里也会更加强烈地感觉到你们所需要的那种变迁。这对于图尔尤其如此，假如他今后还不接受那些精通医学、深知他的身体情况、并向他以前在波尔多等地的医生征询过的人们的忠告，那末他的健康状况将会恶化，甚至可能有很大的危险。因此，我希望你们不要怕小小的麻烦，搬到更有益于健康的地方，然后立即给我寄来你们的新地址，以便我能够给你们寄去我的新"地址"[150]。

在伦敦这里，目前生活十分枯燥。成群的乡亲[151]在街头闲逛。从他们张皇失措的表情，从他们看待一切事物的惊异神态，从他们在川流不息的马匹、单马车、公共马车、大人、小孩和狗面前所感到的惊慌恐惧的神色，立刻就可以认出他们来。

我听说，妈妈和洛尔米埃太太进行着有关政治的激烈斗争。我不知道，他们是否已经达到白刃战的地步，或者还只限于尖锐的言词，没有伤害肢体。

我从圣彼得堡收到了非常珍贵的书籍[152]和非常友好的来信，信中向我提出了各种建议。[153]

拉甫罗夫（不是阿诺罗夫）是个很好的青年，他不是没有才能，但是他白白浪费了时间并损坏了自己的脑子，因为他在最近二十年期间，主要是读了这个时期的德国书籍（哲学和其他方面的），这是全部现有书籍中最糟糕的。看来，他以为，既然这些书是德国的，那就必定是"科学的"。

维凡蒂夫人好象已经荣幸地摆脱了困境。我没有见到她,但我发觉,现在她受到赞扬,可能赞扬得有些过分,不过你们知道,在卡茨家里,从来就是过甚其词的。

荣克的小姨子前天已埋葬了。可怜的姑娘!她死在医院里。

小"行家"[154]从整个本质方面说是非常好的。所以,可以原谅他的一些小缺点,如他的空谈、自满和喋喋不休地重述在这里在那里发表的"成功演说"。

德国的"傻瓜"爱国者当然在博勒特那里庆贺了普法战争的"光荣"结束,开了"和平庆祝会",按照条顿人的风俗,他们没有忘记"彼此痛打得流血"。

凯伦起先找了一个教师职位,现在,在将军的帮助下,在英国北部得到了一个工程师的好职位。

麦迪逊医生向燕妮和杜西致最良好的祝愿。

现在再见,我的亲爱的孩子们!

老尼克

(《马克思恩格斯全集》第33卷第231—233页)

1871 年 8 月 25 日于布莱顿

致燕妮·马克思

亲爱的燕妮：

昨天我忘记告诉你一件有趣的事，我到这里[155]后的第二天，在我们那条街的拐角处，又遇上了显然是在等人的那个家伙，我已告诉过你，这个人已经不止一次地跟踪恩格斯和我，恩格斯认为他是密探，对此我们有一次曾给了他"暗示"。你知道，一般说来，我对于密探缺乏嗅觉。可是这个家伙竟公然地处处在这里监视我。昨天，我对此厌烦了，我就停住脚步，转过身去，以轻蔑的目光透过长柄眼镜打量了一下这个家伙。他怎么样呢？他恭顺地脱下了帽子，而今天就不再照顾我了。

今天我给德纳写了一封很长的信[156]，信中详细地叙述了在吕雄和西班牙的遭遇。他必定会在他的《太阳报》上刊登这封信。这类东西正好合美国人的口味。当然我在叙述这一切时，竭力（如果孩子们[157]还要留在那里）使它不致带来危害。

谁不愿意听，谁就是最聋！老斯特普尼对于流亡者的态度就是如此。我和荣克坦率地向他说明了一切。黑尔斯给他寄去了捐款单[158]。我告诉他达威多夫的信[159]，最后还告诉他，为了得到救济，这里正在采取某些措施。而老蠢驴至今仍不肯掏腰包，看来也不打算这样做。昨天，他以阉人的声调告诉我，已把捐款单寄往波士顿，并且让我看了他就捐款问题写给这里一位女士的信。可是他自己呢？就是没有他！正象荣克说的，这家伙真是个"乖僻的人"。荣克上星期六来到这里，星期一又离开了。他带来自己的两个孩子，在离开之前告诉斯特普尼，他去找一个熟人，以便把孩子安置在那里。斯特普尼和他一起去了，而当荣克和女主人一切都已谈妥的时候，他则表示："我倒想照管孩子一个星期！"——于是一切又陷于紊乱。

这里的气候几乎一直是刮风下雨，因此我不断地感冒和咳嗽。但是，极好的空气和我每天进行的浴疗，对于我整个健康状况起了很好的作用。在整个这段时间里，任何事情都没有比你不在这里更使我感到遗憾。无论如何，不管发生什么情况，你今年不是在夏季就是在秋季一定要来一趟。

至于说到施韦泽派的傻瓜施奈德尔和齐赫林斯基("裁缝"[160]已经在德国获得很坏的名声），那末这些人很快就会感到，他们在这里并不是在德国。

我认为，在总委员会里蒲鲁东主义者太多了，我回去后将坚持把马丁和勒穆修留下来作为消毒剂。

布莱顿（我在这里完全过着隐士生活）全城自然都倾注于一起轰动的服毒事件——一个富裕而愚蠢的三十五岁的老处女因渴求爱情而歇斯底里大发作。

《每日新闻》和《每日电讯》驻巴黎记者关于凡尔赛审判案的报道，真是廉价文人的极恶劣而又卑鄙的胡言乱语。

再见。

你的　卡尔

（《马克思恩格斯全集》第33卷第285—287页）

1871 年 9 月 23 日于伦敦

致燕妮·马克思

亲爱的燕妮：

今天代表会议终于结束了。这是一件繁重的工作。上午和下午都开会，间歇时专门委员会开会，听取目睹者的谈话，准备报告，等等。但是工作却比以往所有代表大会加在一起做得还要多，因为没有列席群众，没有必要发表装腔作势的演说。德国没有代表，代表瑞士出席的只有培列和吴亭。

上星期，罗马的革命党设宴欢迎里乔蒂·加里波第；我接到了罗马《首都报》所载有关此事的报道。一个发言人（卢恰尼先生）提议为工人阶级和"成为它的孜孜不倦的工具的卡尔·马克思"（a Carlo Marx che<qui>se ne<en> è fatto<a fait> l'instancabile instrumento<l'instrument infatigable>[161]）干杯，受到非常热烈的欢迎。这对马志尼来说是颇为苦恼的!

当关于我逝世的消息传到纽约的时候，"世界主义协会"召开了会议，会议的决议发表在《世界报》上，现在寄给你[162]。

杜西也接到了表示焦急不安的彼得堡朋友们的来信。[163]

巴枯宁的朋友及其同谋者罗班和巴斯特利卡的处境很不妙。已经揭发的关于罗班在日内瓦和巴黎的活动，确实令人吃惊。[164]小燕妮的文章今天已寄往美国。[165]

你的　卡尔

(《马克思恩格斯全集》第33卷第298—299页)

1871年12月18日于伦敦
致劳拉·拉法格

亲爱的劳拉:

首先,热情感谢图尔的建议[166]。我接受这项建议,但有以下两个必要条件:

(1)如果事情失败,我应支付预付款及其通常利息;

(2)图尔的预付款不应超过两千法郎。出版商声称,这笔款子只是开始时需要,我以为这是不祥之兆。无论如何,图尔应当提出一项条件,即他所承担的义务只限于这个"开始"。

从各方面说,我认为价格便宜的普及版比较好。

由于各种情况的巧合,正是现在需要出德文第二版。我正全力以赴地忙于准备工作(因此只能简单地写几句),而法文版的译者自然应该根据校订过的德文版翻译（我将把经过修改的旧版本寄给他）。妈妈正在打听凯累尔的下落。为此，她已给他的姊姊写了信。如果不能（及时地）找到他，那我们要将此事委托给翻译费尔巴哈著作的译者[167]。

俄文版（根据德文第一版译的）将于明年1月在圣彼得堡出版。

多次地吻你和施纳普斯，祝图尔和大家新年快乐。

白鹦鹉的老主人

（《马克思恩格斯全集》第33卷第365—366页）

1872 年 2 月 28 日于伦敦

致劳拉·拉法格

我亲爱的孩子：

你可以从我没有给你和保尔回信来判断我的工作是多么繁忙（我从去年 12 月起就没有得到过安宁）。但是，我的心一直同你们在一起。老实说，我最惦念的是可怜的小施纳普斯的健康。我对保尔最近的一封信甚至有些生气，信中尽是一些有关"运动"的有趣的细节，而对亲爱的小病人却只字未提。

由于我不停地阅读和写作，几天前我的右眼开始发炎，现在看东西很费劲，所以这封信也只能写一些最要紧的事情。

首先，凯累尔不再翻译我的书[168]了。在终于弄清他的地址后，我立即给他写了信。他回信告诉我，他只译了二百页左右，并且在

5月以前不能继续进行这项工作，因为他签订了一项翻译医学著作的合同。这对我来说是不合适的。我已找了翻译费尔巴哈的鲁瓦，他倒完全符合我的要求。从12月底起，他已从我这里拿走德文第二版修改稿近二百八十页。今天我已写信给他，要他把已译好的那部分稿子立刻寄往巴黎。

至于传记，我还没有考虑好，为了这本书而发表一篇传记，一般说来是否合适。[169]

关于写蒲鲁东的序言问题，我再考虑一下。[170]

保尔要的出版物，明天就寄去。[171]因为我担心《雾月十八日》里的某些统计资料不完全准确，总想找个时间核对一下，要不我早就寄了。

我会给李卜克内西写信的。[172]

拉腊对于我党完全是个异己分子，用他的资金来出版我党的文件是绝对不行的。[173]不过，你们不应同他的家属断绝联系。在某种情况下，这种联系可能是有用的。

我为你们给伍德赫尔之流写东西而感到遗憾。这是些败坏我们声誉的骗子。让保尔写封信给《太阳报》（纽约）的出版者查理·安·德纳，并向他推荐西班牙的通讯，同时问一下稿酬条件（同美国人打交道这种事情必须事先谈妥）。现附上几句话给德纳，如果他不同意，我会在纽约找到其他报纸（《先驱报》或另外的报纸）。

《新社会民主党人报》是施韦泽的报纸的继续，只不过换了编辑部。原来的报纸总还保持一点体面，而现在的则成了通常的警察报纸，成了拉萨尔派的俾斯麦报纸，就象俾斯麦的那些封建主义的、自由主义的和其他形形色色的报纸一样。

附带说一下，由于你们的一封信把我弄糊涂了，我在同拉沙特尔签订的合同中列入了这样一条："在接到要求十五天之后……将在巴黎交付为数……的款项。"[174] 我明天就写信告诉他，我宁愿在7月1日付款，必要时我可以筹款，但必须及早告诉我。

现在，我亲爱的孩子，再见吧，千万次地吻小施纳普斯和你，向保尔问好。

你们最忠实的 老尼克

反对分裂分子的《通告》[175]印好后，就给你们寄去。

（《马克思恩格斯全集》第33卷第413—415页）

1874年4月19日星期日于兰兹格特

致燕妮·马克思

亲爱的燕妮:

神父坡16号——在威廉斯夫人对面——就是我住的那个Cliff[176]。但是不用担心!租金还没有商妥。女主人起先要一英镑,后来减到十二先令。不过,这是些正派"人";丈夫是马车制造匠,看来也搞点艺术。在进门的一个地方,他没有胡乱涂抹,而是精心地画了一个十分雅致的、但有些神秘的人像作为卫士。此外,在房前小花园中间,在砖砌的台座上立了一个拿破仑第一的小型泥塑像,身穿黑黄红三色服装……模样很英武,制作得不坏。女主人除了别的孩子外,还有一个一个半月的婴儿,他常常以不愉快的方式惹人注意。

这里的空气非常好,但是,尽管我经常散步,至今还没有摆脱失眠症。

这个小城市并不十分荒凉,但起主要作用的还是当地居民。

但愿小燕妮[177]好一些,但愿牙齿不会太折磨出色的小男人[178]。我非常惦念他们母子二人。

顺便说一下,转告看了坦尼森的《亚历山大罗夫娜》[179]感到很有趣的小杜西:日光之下并无新事[180],其实她是知道这个道理的,这就是说在1782年6月,北方伯爵(后来的沙皇、狂人保罗曾经用此化名外出旅行)和他的年青夫人到了巴黎。他出席了法国科学院的一次会议,会上德·拉·阿尔普先生朗诵了一首诗作为对殿下的欢迎词,每一节都以"彼得罗维奇"(彼得的儿子)结尾。格林对此评述道:

"迭次重复的称呼语,我们听起来觉得奇怪,在俄国人看来尤其荒唐。这个词,如果不在它前面加上一个表示区别的修饰语,在俄语里听起来竟是那样亲昵,就象法语里的吞涅特或者比埃尔一样。"[181]

如果杜西把这段评述寄给《奇谈怪事杂志》,那将是对坦尼森的极大效劳。

代我感谢恩格斯的来信。在我们这个伤风败俗的时代,要找到这样认真的通信人是不容易的。

再见,向大家问好。

你的 卡尔

(《马克思恩格斯全集》第33卷第626—627页)

1874年4月20—24日之间于兰兹格特

致燕妮·龙格

亲爱的小燕妮:

今天把校样[182]寄去,龙格阅后,请立即退还给我。然后我把最后的校改誊到寄往巴黎的那一份上。

今天是我能够做点事情的第一天。在此以前,尽管进行浴疗、散步、呼吸极好的空气、注意饮食等等,我的健康状况还是比在伦敦更坏,这证明,情况已急剧恶化,我早就该离开那里了。正是由于这个缘故,我暂不返回,因为我十分需要恢复工作能力。恩格斯来信说,他今天来这里,他在信中解释了我预料你不会来的原因之一。你的身体怎样?我深信,在海滨有一两个星期就能使你完全恢复健康。这里现在甚至比疗养季节更愉快、更有益。

但愿我亲爱的普提[183]还认识我。

告诉小杜西，*sacred musics*[184]——照她的译法是 *sacrée musique*[185]——轻佻的巴黎人有另一种叫法：在狄德罗时代，他们把从意大利传来的、在意大利向来与《神曲》一起演奏的那种音乐，叫作 *concerts spirituels*[186]。

最后，用格林著作中德·布弗累骑士的俏皮话来作为结尾：

"亲王们更为需要的是开心，而不是尊敬。只有上帝才有足够的幽默，不致由于对他所表示的尊敬而苦恼。"

再见吧，我亲爱的孩子。

你的 老尼克

（《马克思恩格斯全集》第33卷第628—629页）

1874年8月14日于伦敦

致燕妮·龙格

我亲爱的孩子:

我想你们已经收到了我于本星期二寄给恩格斯的信。如果没有收到,就要向邮局声明,因为不能对这种混乱现象置之不顾。

龙格根本不应该让你为我长了一个痈而感到不安。昨天早晨所谓脓塞终于出来了,因而不再化脓,于是我立即敷上了促使愈合的硬膏,它马上就开始见效。我亲爱的女儿,现在你看,这方面一切都很好。

至于国籍的问题[187],我的律师到昨天晚上为止还没有从内务部得到任何消息。我今天再去找他一次。无论情况如何,明天下午我就动身。[188]大不了让我从卡尔斯巴德返回汉堡,当然,因此花费的钱是很可惜的。非常有趣的是,关于"国际"和我,已经很久完全没有人说起了,可是恰好现在,我的名字又出现在彼得堡和维也纳进行的诉讼案中,而意大利的滑稽可笑的暴动[189]被认为不仅与"国际"、而且与我有直接的关系(见今天《每日新闻》上驻罗马记者的报道)。罗马记者暗示说,国际的暴动者的行动有利于教皇,这种说法强烈地散发着俾斯麦的气味。

在昨天的《旗帜晚报》上刊登了一篇不长的社论,一开头就说:"国际已经负伤,但是没有被击毙。"这是指马赛八十人被捕一事而说的,仿佛这件事与意大利的这场滑稽剧有着潜在的联系,尽管事物的逻辑在这里十分清楚:巴赞溜掉了[190];因此,作为对麦克马洪的补偿,在马赛逮捕了八十名公社社员。《旗帜报》和《每日新闻》是一路货,也象警察一样厚颜无耻,它接着写道,这些革命者一旦能弄到哪怕极少的财产,就会变得非常保守,他们全是些穷光蛋,云云。在同一天的报纸上,还刊载了来自马赛的电讯,说被捕者当中有一个人是百万富翁。这些"世界上最自由的新闻界"的英国先生竟是这样一些家伙!同样令人奇怪的是,我看到的各种法国(巴黎的)报纸——其中也有很保守的——却丝毫没有把意大利的滑稽剧与"国际"联系起来。

现在来谈谈另外一件事。昨天晚上,弗兰克尔和吴亭到我这里来了。吴亭告诉我,托马诺夫斯卡娅女士结婚了。(他不清楚,她将要生的孩子是什么时候怀的,——此事绝对只在我们之间说说,——是在结婚前,还是在结婚后。此外,他也根本不了解那位新郎的情况。)弗兰克尔由于受这次意外的打击,感到非常痛苦。

赛西利亚将军先生前天打扰了我三四个小时。他告诉我(其实当时我们已经知道了),他们(即他和孔·马丁的信徒)为法国流亡者的孩子办了一所学校。他说,那里也要上卫生课和政治经济学课,问我是否能够按英国的范例,编写一本政治经济学的初级教程!他还非常愤怒地向我谈到,《费加罗报》在最近一号上提出了一个荒谬见解,似乎共和国以它自己造就的四位将军把法国毁灭了,这四位将军的名字是克莱米约、格累－比祖安、赛西利亚和利沙加勒!当天晚上我就把这个赞语悄悄地告诉了利沙加勒。

我唠叨地谈了这么多事情,因为我不大敢谈那件唯一使你关心的事情。从小天使[191]不再使我们家活跃的时候起,这个家就变得死气沉沉了。没有他我处处感到寂寞。想起他来,我心如刀割,这样可爱、这样迷人的小家伙难道能使人忘记吗!不过,我的孩子,为了你的父亲,我希望你坚强起来。

再见,我亲爱的黑丫头。

你的忠实的　老尼克

《马克思恩格斯全集》第 33 卷第 640—642 页)

1875年5月10日于伦敦

致燕妮·马克思

亲爱的燕妮:

你的病使我们大家深感不安,但愿服用了蓖麻油和随着天气好转已经痊愈。

恩格斯建议同他一道去尚克林,这正合我的心意,为了你我也认为自己到那里去是适宜的;但是我不愿意他因为我而耽搁,另一方面,也不愿意他使我的行动自由受约束,从而使他自己和我都感到烦恼。因为我在等待巴黎寄来最后几个印张的校样,如果由于我不在而使本来就拖延了很久的最后几册[192]的出版再拖下去,我将感到不安。这回我接连收到拉沙特尔两封信,他目前在斐维(瑞士)。这个蠢货表示对最后几册极为满意,因为它们通俗易懂,就是说连他也懂。我过去没有回答他从布鲁塞尔寄来的表示不满的信件,我现在当然也不会去回答他的废话。

关于李卜克内西—哈赛尔曼的拙劣作品的通告我已经寄出（现在已经在白拉克手里），这是一本小册子[193]。我也给柏林的施拉姆先生写去了他请求我作的那些说明[194]。此外，我断然拒绝给《独立报》[195]的先生们编辑的刊物撰写任何稿件，这使维耳布罗尔感到不快。由于维耳布罗尔的缘故，我对此感到遗憾，然而这仍然是一个荒谬的建议！[196]

家中一切如常。看来，好天气对小燕妮有好处。使她很满意的是，洛尔米埃大娘不留情面地责备龙格搞了一堆无用的"法国式"家具。拉法格的生意看来正在走上轨道。[197]

今天我待在家里：琳蘅[198]和杜西进城去了，她们约定在家具拍卖场同小燕妮见面。

我们的小花园已披上了悦目的绿装。

星期五洛帕廷突然来了。星期六他已经到哈斯廷斯去了，要在那里住几个月。他说，在巴黎他无法工作，因为住所里俄国客人总是来往不断。

致衷心的问候。

你的　卡尔

代我向莉希夫人[199]问好。

（《马克思恩格斯全集》第34卷第135—136页）

1876 年 8 月底—9 月初于卡尔斯巴德

致燕妮·龙格

我亲爱的女儿：

从你的来信中知道（可惜有一封信遗失），你的身体在恢复，结实的小家伙[200]在哈斯廷斯也很健康并且已经在起自己的作用，我很高兴。小伙子，你的英勇应受赞美！[201]

我们在这里过得无忧无虑，无所用心，这也正是治疗获得成功所必需的。近日来由于天气突然变化，几乎不得不停止我们在山林中的散步。一会儿下着四月的蒙蒙细雨，一会儿暴雨倾盆，一会儿又阳光灿烂。长时间炎热之后突然来临的寒冷已经消失。

近来我们结识了很多新交。除了几个波兰人之外，大都是德国的大学教授和别的科学博士。

到处都用同一个问题折磨人：您对于瓦格纳的看法怎样？这个新德意志普鲁士帝国的音乐家十分特别的地方是，他同夫人（即同毕洛夫离婚的那位夫人），同戴绿帽子的毕洛夫以及他们共同的岳父李斯特，四个人一起住在拜罗伊特并且情投意合，他们亲热相处，相互接吻，彼此相爱而且皆大欢喜。此外，李斯特是罗马教修道士，而瓦格纳夫人（名字叫科济玛）是他和达古夫人（丹尼尔·斯特恩）的"非婚生的"女儿，真是想不出比这个小家庭及其相互之间的宗法关系更合适的奥芬巴赫歌剧脚本了。这个小家庭的趣事也可以用类似尼贝龙根的四部曲[202]来表现。

我的女儿，我希望重新看到你是健康愉快的。代我向龙格衷心问好，代我以外祖父的名义吻我的小外孙十二次。

再见。

（《马克思恩格斯全集》第34卷第180—181页）

1878年9月16日于伦敦
致燕妮·龙格

我亲爱的孩子：

希望今后继续听到琼尼的好消息。你们应该每天写信把关于他的健康状况的消息告诉我，面且一定要把全部真实情况告诉我。这个孩子对我说来象眼珠一样宝贵。最重要的是要把他照顾好，别让他过多地在室外活动（消极地和积极地）。如果情况象我希望的那样好转，那你们星期六（而不是星期五[203]）动身可能更好些。因为在这种情况下多一天的安静和休息是很重要的。

恩格斯今天已同伦肖夫人和彭普斯一起去安普顿[204]，彭普斯穿上价值五基尼的丧服，已经完全具有一个"在位的女王"的仪表和风度，这身丧服只不过突出了她的难以掩饰的"愉快"。关于这些怪事的更详细的情节，杜西将写信告诉你们。

据李卜克内西说，俾斯麦的法案[205]要么完全失败，要么作一些使它失去锋芒的修正后通过。

我向你和你的妈妈致良好的祝愿。普皮好多了。他是个非常可爱的孩子！

你的　摩尔

（《马克思恩格斯全集》第 34 卷第 319 页）

1878 年 9 月 17 日于伦敦

致燕妮·马克思

亲爱的燕妮:

按照我动身前[206]讲好的,附上三英镑邮局汇票。如果因为情况变化不够用,就立即告诉我。

从回来的那天起,剧烈的头痛就折磨着我;但是自从接到可爱的小燕妮关于琼尼的令人快慰的信以后,我就好些了;而今天从你那里来的好消息——希望继续传来——对我如同一付镇痛剂。

关于瑞琴特公园路 122 号的情况我不详细写了,因为杜西是你们在这个问题上的常驻记者,我不应该夺其所好。然而,我还是忍不住要谈一件事情,这件事的奇特令人同时想起巴尔扎克和保尔·德·科克。当杜西、伦肖夫人和彭普斯(她现在高升了,从此恩格斯称她为彭普西娅)整理死者的东西时,伦肖夫人从中发现一小束信（大约八封，其中六封是马克思家里人写来的，两封是威廉斯从兰兹格特写来的），她本打算交给当时在场的契提先生。他却说："不，把它们烧掉吧！我不想看她的信。我知道，她不会欺骗我。"难道费加罗（我指的是博马舍的真正的费加罗）能够"猜到这一着"[207]吗？伦肖夫人后来对杜西说："当然，因为她的信必定是他亲自写的而她收到的信是由他念给她听的，所以他可以完全相信，这些信里面对他没有任何秘密，但是……对她倒可能包含着秘密。"

今天和这封信同时寄给你们的还有《每日新闻》和《旗帜报》，上面刊登了关于德意志帝国国会的电讯。[208]倍倍尔显然是唯一引起强烈印象的发言者。政府的代表——施托尔贝格和欧伦堡——十分狼狈。班贝尔格尔仍然信守自己的格言："我们终究是狗！"[209]赖辛施佩格是一个莱茵的资产者，加入了天主教中央党[210]。就连一味拍马的路透社都认为开头的这些发言不成功！

希望你同小燕妮这个星期再稍稍休息一下，只要风、天气和孩子的健康全都许可，就要继续散步；即使由于特殊情况不能这样做，你自己也绝不应该停止散步；不过我还是希望孩子以及他那疲惫不堪的母亲能够参加散步。向小燕妮致良好的祝愿。替我吻琼尼。

再见。

你的 摩尔

（《马克思恩格斯全集》第34卷第320—321页）

1879 年 8 月 19 日于圣黑利厄尔市

致燕妮·龙格

我亲爱的女儿,可爱的小燕妮:

世界小公民万岁![211] 应当让男孩子住满全世界,何况英国的统计材料表明女孩子过多。我真高兴,到目前为止一切总算平安地过去了,可是也够苦的了。我觉得,你妈妈作的那些安排远不是最恰当的。无论如何,杜西和我自己明天将动身去伦敦[212],然后我很快就会来到你身边,那时一切就会安排妥当。这里雨季——在这个美妙的小岛是正常现象——又来了,我们已经开始商量离开这里的问题,因为我们是否留在这里取决于气候和天气的变化。"欧罗巴"旅馆好极了,我们应当设法全家一起到这里来。

我急不可耐地等待着明天早晨汽船从这里开往南安普顿的时

刻。我十分挂念你和小埭尼。

  问候妈妈和龙格。千万不要忧虑和不安,我的孩子,一切都会好的。

你的忠实的 老尼克

信写得很短,请原谅,因为必须即刻投邮。

(《马克思恩格斯全集》第 34 卷第 362—363 页)

1881 年 4 月 11 日于伦敦

致燕妮·龙格

我亲爱的小燕妮：

你们走了以后，这里就变得寂寞起来了——你不在了，琼尼、哈拉和"茶！"先生[213]不在了！当我听到与我们的孩子们相似的声音时，我往往就跑到窗子跟前去，刹那间忘记了孩子们已在海峡的彼岸。

使我感到欣慰的是，现在你们有一所好的、适合于孩子们的住房；其他方面看来比在伦敦稍微差些——不过气候除外，你会逐渐感到那里的气候对气喘病也有良好的作用。

我又给妈妈[214]请来了由朗凯斯特教授推荐给我的一位新医生，就是唐金医生；看样子他是一个富有学识的聪明人，不过对妈妈的病来说，我看所有的医生实际上都一样好。但是，医疗顾问的变换可以使她宽心，最初一段时间——多半为时不久——她对新的埃斯库拉普赞不绝口。龙格的单片眼镜在他走后马上就找到了，它确实放在你们的卧室里。我们决定让希尔施给捎去，不过这个好搬弄口舌的人，在有机会大肆搬弄口舌的时候，看来无论如何是不能离开伦敦的。仅仅一个"可怕的"莫斯特案件[215]，对于这只鹿[216]来说，就是取之不尽的（尽管决非"水晶般清澈"的）源泉。现在他威胁说，要到4月18日才走。此外，他发现了他过去非常厌恶的考茨基是与自己志同道合的人。从这个Kautz[217]显出酒量很大的时候起，恩格斯对他也宽容多了。当这个可爱的人第一次到我这里来的时候——我是说这个Käutzchen[218]，我脱口第一句就问他：您象不象您的母亲？他保证说一点也不象，我就暗暗为他母亲庆幸。他是一个平庸而目光短浅的人，过分聪明（他才二十六岁），自负，在某种程度上是勤勉的，对统计学下了不少功夫，但收效不大，是个天生的俗种，不过，在他那种人当中他还算个正派人；我尽可能地把他打发到我的朋友恩格斯那里去。

前天这里成了道勃雷[219]俱乐部，而昨天除了梅特兰的两个姑娘以外（朗凯斯特和唐金医生也来了一会儿），海德门和夫人突然来到我们这里，他俩爱好久坐。我喜欢她那种思考和言谈的爽快、毫无拘束而又果敢的风度，然而可笑的是，她以某种景慕的心情目不转睛地望着自己的洋洋自得、喋喋不休的丈夫的一张嘴！妈妈（当时快到晚上十点半了）疲倦得回到自己的卧室去了。不过，那场哑剧还是使她开心了一阵子。事情是这样的，杜西在道勃雷们中间发现了一个新的神童——一个叫雷德福的人；这个青年已经是个律师，但是他鄙视法律学，他和瓦尔德霍恩干同一行工作。他的仪表很好，是厄尔文和已故的拉萨尔的混合体（但是同拉萨尔所固有的犹太侯爵的那种犬儒主义的、无耻地纠缠不休的举止毫无共同之处）；这是一个聪明的、还有点出息的青年。多莉·梅特兰拼命向他献殷勤，——问题的关键就在这里，所以妈妈和杜西在吃晚饭的时候，一直互相使眼色。最后，梅特兰先生也来了，他头脑十分清醒，想起要同邻座的好教训人的海德门争辩关于格莱斯顿的问题，而招魂者梅特兰是信奉格莱斯顿的。当时我很不舒服，咽喉痛，所以当这伙人全走了的时候，我很高兴。真是怪事，没有社交根本不行，而当有社交的时候，又想竭力回避。

…… ……

让龙格读一读今天《泰晤士报》上帕涅尔在科克的演说：在那里他可以找到对于格莱斯顿的新土地法案[220]所应当说的东西的实质；同时不应当忽视，格莱斯顿通过事先采取的种种卑鄙措施（包括剥夺下院议员的言论自由[221]），造成了这样一种情况：现在爱尔兰发生大规模的逼迁，而法案只是一种纯粹欺骗，因为贵族已从格莱斯顿那里得到了他们想要得到的一切，再也不害怕土地同盟[222]了，他们无疑将把法案否决掉，或者把它阉割得使爱尔兰人自己最终也去投票反对它。

千遍地吻孩子们；问候龙格。亲爱的孩子，来信讲讲你的健康怎样。再见。

你的 老尼克

亲爱的琼尼，你喜欢法国吗？[223]

（《马克思恩格斯全集》第 35 卷第 170—175 页，中间有删节）

1881 年 4 月 29 日于伦敦

致燕妮·龙格

亲爱的燕妮:

我祝贺你顺利分娩;至少,从你能亲自给我们写信来看,我认为一切都好。我们家的"女性那一半"都希望,"新来的人"[224]增加人类"最美好的一半";而我却宁愿在历史的这一转折关头出生的孩子们是"男"性。他们面临着人类未曾经历过的最革命的时期。糟糕的是现在人"老"了,只能预见,而不能亲眼看见。

"新来的人"出生的日期几乎和你的、琼尼的和我的生日碰在一起了。他和我们一样偏爱欢乐的五月。我自然是受妈妈[225](和杜西,尽管她自己或许会有时间写信)的委托,向你表示一切最良好的祝愿,不过我不知道这种"祝愿"有什么用处,也许只是为了掩饰我们自己的无能为力吧。

我希望,你能逐渐地找到一个合适的女仆,使你的"家务"有条不紊。恰巧在现在这样一个紧要的时刻你如此操劳,真使我有些不安。

从你上次来信看来,琼尼的健康有好转。我有幸亲自见过的三个孩子[226]中他的确是身体最弱的一个。你告诉他,昨天,当我在公园——我们的梅特兰公园——散步时,一个魁梧的人,公园的看守人,突然向我走来,打听琼尼的消息,最后告诉了我一件重要的事情:他要"离开"自己的岗位,并让位给一个更年青的"力量"。他走后,"南安普敦勋爵"酒馆[227]将失去一个常客。

在"我们的圈子"里——这是比斯利给起的绰号——没有多少新鲜事。彭普斯还在等待着博伊斯特的"信息",同时又在顾盼着考茨基,但他至今尚未"表明态度"。她将永远感激希尔施,因为他不仅提出了正式的"求婚",而且在他遭到拒绝以后,就在他去巴黎以前,又提出了"求婚"。这个希尔施越来越令人讨厌。我对他的"印象"越来越坏。

伦敦人最新的狂热是吹捧迪斯累里,这些约翰牛洋洋自得,陶醉于自己的宽宏大量。他们在死者临终前还敬之以烂苹果和臭鸡蛋,在他死后却对之顶礼膜拜,这难道不"高尚"吗?同时这教育了"下层阶级":尽管他们的"天然首长"在争夺"肥缺"中相互倾轧，死亡却揭露了一个真理，"统治阶级"的领袖永远是"伟大而卓越的人物"。

正当由于从美国进口粮食和牲畜，爱尔兰（以及英国）的土地必定要跌价的时候，格莱斯顿耍了一个非常巧妙的花招——只有"愚蠢的政党"不了解这一点——就在这样一个时刻，他使国库为土地所有者服务，使他们能够按已非其所值的价格把这些土地卖给国库[228]！

爱尔兰土地问题的实际困难——决不光是爱尔兰有这些困难——非常之大，唯一正确的办法是让爱尔兰人实行地方自治，从而使他们自己去解决这个问题。但是，约翰牛十分愚蠢，不能理解这一点。

正巧恩格斯来了，他向你致以衷心的祝贺，因为已经是投邮的时候了，我不能不结束这封信，只好就此搁笔。

问候琼尼、哈利和可爱的"狼"[229]（他真是一个非常好的孩子），并问候他们的爸爸龙格。

你的 老尼克

（《马克思恩格斯全集》第35卷第179—181页）

1881年6月6日于伦敦

致燕妮·龙格

我亲爱的唐·吉诃德：

我直到现在才给你写信，这的确是我的过错，不过你知道，我在这方面总是怀着善良的愿望，但行动跟不上。其实没有一天我不想念你和可爱的孩子们。

你不必为我的健康担忧：我曾患了一次严重的感冒，几乎象已故的塞格温的慢性鼻炎那样没完没了；不过现在快要好了。

关于妈咪[230]，你知道——她患的那种病无法可治，她的确愈来愈虚弱。幸好疼痛不象在类似情况下通常产生的那样严重，直到现在她每星期去伦敦各剧院看几次戏，这就是最好的证明。她现在能惊人地支持住，但是去巴黎旅行是根本谈不上的。丽娜·舍勒尔昨天完全出乎意外地来了，我认为这很好，她将在这里住一个月左右。

琼尼收到我寄给他的《狐狸—莱涅克》[231]了吗？这可怜的小家伙，有人读这本小书给他听吗？

今天（银行假日）和昨天都下大雨，冷得要命，这是天父经常为他的伦敦平民教徒储备着的讨厌的东西之一。昨天他就用雨破坏了帕涅尔的支持者在海德公园的示威[232]。

加特曼上星期五去纽约了。我高兴的是，他现在没有危险了。但是他干了一件什么样的蠢事啊！——他在动身的前几天通过恩格斯向彭普斯求婚——而且是用书面的方式，同时他向恩格斯表示，他认为，他这样做是经过慎重考虑的，换句话说，他（加特曼）相信彭普斯会同意他（加特曼）的求婚。彭普斯的确使劲向他卖弄过风情，但其目的只是为了激发考茨基。我刚刚从杜西那儿知道，同一个加特曼在她动身去泽稷岛之前向她提出过求婚。但是最近一次最恶劣，因为那个为俄国运动捐躯的著名的彼洛夫斯卡娅同加特曼"自由"同居过。她不久以前刚刚死于绞刑架下[233]。从彼洛夫斯卡娅到彭普斯，这真是太岂有此理了，所以现在妈妈对这种行为，并且对所有的男人都非常厌恶！

龙格论述爱尔兰问题的文章很好。我们大家都以为他出了什么事，因为一些时候以来他的名字在《正义报》上越来越少见了。你看到或者听到过备受赞扬的希尔施的什么消息吗？今天我收到了他寄来的两份纽约的报纸。

只有一条值得提及的新闻。据说有一个美国人[234]发明了一种割煤机，它能使采煤工人现在的大部分作业成为多余（也就是说不需要在掌子面和矿井中"割"煤了），留给采煤工人的任务只是把煤敲碎和装车。这一发明如果成功——完全有理由这样设想，它将有力地推动美国的发展，并且严重地动摇约翰牛的工业优势地位。

妈咪还让我告诉你，丽娜[235]到这儿来是参加马丁·塔波尔的一个成功的崇拜者的女儿莉沙·格林的婚礼的。

劳拉正在尽力使妈咪开心和愉快。

海伦衷心问候你。

好了，现在你替我多多地吻琼尼、哈拉和高尚的"狼"。对那个"伟大的陌生人"[236]，我不敢这样随便。

你的气喘病怎样？它还折磨你吗？我简直不能想象，有四个孩子，可只有一个有名无实的女仆，你怎么能有喘口气的时间。

再见，亲爱的孩子。

老尼克

（《马克思恩格斯全集》第35卷第186—188页）

1881年7月22日于伦敦

致燕妮·龙格

我亲爱的燕妮:

医生[237]刚刚来看过妈妈[238],我们准备在本星期二或星期三动身,准确日期,我们将用电报通知你。

望立即回信,因为在你没有告诉妈妈要从这里给你带些什么以前,她是不会离开伦敦的。你知道,她喜欢张罗这类事。

附上五英镑,用作租赁卧具等等所必需的零星开支;其余的等我到达时再付给你。只有在这种条件下,我才同意接受你提出的安排。

至于希尔施向你讲的关于拉法格的事情,那简直是撒谎。我从一开始就确信,拉法格从来没有给自己的巴黎通信者写过任何类似的东西。

再见,亲爱的孩子。千遍地吻孩子们。

老尼克

(《马克思恩格斯全集》第35卷第198页)

1881年8月9日于阿尔让台[239]

致劳拉·拉法格

亲爱的小劳拉：

我只能给你写几行字，因为邮件就要送走了。

妈妈[240]越来越虚弱，情况令人担心。因此我本来想（因为我们现在只能作短途旅行）无论如何于本星期末动身，并且已把这一点告诉了我们的病人。但她打乱了我的计划，昨天把我们的衣物送出去洗了。这样一来，下星期初以前就别想动身了。

也许——这要看她的健康情况如何——我们在布伦停留几天，医生[241]认为（如果各种情况都顺利）目前海洋空气可能有助于增进健康。

下次给你写详细一些（不过，为此你应当立即把你们的新地址告诉我)。衷心问候保尔[242]。

你的 老尼克

(《马克思恩格斯全集》第35卷第199—200页)

1881年8月18日于伦敦

致燕妮·龙格

我亲爱的、可爱的孩子：

七点钟左右我回到了伦敦，即梅特兰公园。

小杜西脸色苍白，身体消瘦。她已经几个星期几乎没有吃任何东西（毫无夸大）；她的神经系统处于极度衰弱的状态；因此经常失眠，双手颤抖，面部有神经痛的抽动，等等。

我立即给唐金医生打了电报。他昨天上午11点钟来了，对杜西进行了长时间的询问和检查。他说她没有任何器质性疾病，心脏正常，肺部正常，等等，而只是由于任性的生活方式，胃功能完全遭到破坏，神经系统极度衰弱。

他把杜西给吓唬住了，她已答应遵守他的嘱附，你知道，她只要作了让步，答应了，就会照办。虽然如此，她的健康只可能很慢地恢复，而我回来得正是时候。再稍微晚一点，情况就可能变得很危险。

在我们动身以前，唐金就告诉我说，他打算日内离开伦敦到赫布里底群岛去。为了杜西，此外还想等候关于妈妈[243]的消息，他在这里还要待到周末。

写封信来告诉我关于妈妈的情况：她是否从你们那里动身了等等。龙格和哈拉怎么样？你自己以及其他的可爱的孩子们怎么样？

你的新女仆的情况怎么样？

顺便说一下，萨拉[244]（恩格斯的萨拉）现在每天帮助杜西料理几个钟头的家务，这个姑娘的性格非常好，什么事情都能做。杜西说，萨拉非常乐意到你那儿去，但彭普斯根本没有对她说，莉齐已不在你家里了，你正在找人代替。她和杜西说过，也和我说过，现在也愿意到你那里去，只是害怕一个人去法国。但这没什么。过些时候我或许能亲自带她去。

亲爱的孩子，再见吧！没有任何事情比和你以及亲爱的孩子们一起度过的日子能使我更快乐的了。

问候最亲爱的杜尔朗医生。

千遍地吻孩子们。

你的　老尼克

杜西向"狼"和你们全家致良好的祝愿。

(《马克思恩格斯全集》第 35 卷第 209—210 页)

1881 年 12 月 17 日于伦敦

致燕妮·龙格

我亲爱的孩子：

刚才杜西在恩格斯的帮助下乘马车把给我们孩子们的一箱圣诞节礼物运往托运公司去了。海伦请我特地指明她送的小短上衣一件是给哈利的，一件是给埃迪[245]的，一顶小毛线帽子是给帕[246]的；其次，劳拉送的一件"天蓝色小外衣"也是给那个帕的；我送的一套水兵服是给我亲爱的琼尼的。妈咪[247]在她生命最后几天里，有一天曾非常快乐地笑着对劳拉说起，我们同你带琼尼到巴黎，在那里给他挑了一套西服，他穿起来活象个小小的"醉心贵族的小市民"[248]。

我从各地和从各种民族、各种职业等等的人们那里收到的吊唁信，都赞扬妈咪，都充满了非常真诚的心情，非常深厚的同情，这是罕见的，而通常这只不过是奉行故事而已。我认为这是因为她一切都自然而真实，朴素而不做作；因此她给人的印象是富有朝气和乐观愉快。赫斯夫人甚至写道：

由于她的逝世，自然界毁坏了它自己的杰作，因为我一辈子没有见过这样聪慧而慈爱的女人。

李卜克内西写道，没有她，他也许已沉沦于贫困的流亡生活之中，以及其他等等。

尽管她外表柔弱，但她生来是多么异乎寻常的结实，由一点即可看出：尽管她卧床这么长时间，但她身上没有任何褥疮，这使医生深为惊讶。我最近一次患病时，只卧床两星期，就长了好些褥疮。

因为自从我恢复健康以来，天气一直很坏，所以直到现在我仍被软禁在家里。但是按照医生们的嘱咐，我下星期应该到文特诺尔（威特岛）去，然后从那里继续南行。杜西同我一起去。

你会收到（由同一个邮班同时寄出）刊登在《现代思想》月刊上的一篇关于我的文章[249]。英国的评论如此热烈地为我们的事业辩护，这是第一次。妈咪还赶上了高兴地读到这篇文章。摘自德文"本文"的引文太坏（我是想说英文译得太坏），我已经请杜西把我们留给朋友们看的那几份加以修改。《生平》那一节里面的错误无关重要。

我亲爱的孩子,现在你能给我做的最好的事情就是好好地注意自己的身体!我希望同你一起再度过许多美好的日子并很好地尽自己当外祖父的义务。

千遍地吻你和孩子们。

你的忠诚的　老尼克

关于维凡蒂等人我本来能写好多东西,不过大概杜西已把这方面的内容据为己有了。

(《马克思恩格斯全集》第 35 卷第 241—243 页)

1882年1月4日于文特诺尔

致劳拉·拉法格

亲爱的小劳拉：

今天是文特诺尔第一个还不错的晴天。据说，在我们来到[250]以前天气非常好。从那以后，每天刮大风，彻夜狂风暴雨；每天早晨象在伦敦一样，总是乌云密布；气温比伦敦低得多，而且最令人厌烦的是时常下雨。（当然，空气比伦敦"清洁"。）

在这种情况下，自然，我的咳嗽，实际上是支气管卡他，与其说是减轻了，不如说是加重了。尽管这样，还是有进步，因为我不服鸦片剂等等夜里能自然地睡一段时间了。不过总的状况还没有达到可以进行工作的地步。今天，当我们在这里逗留的第一个星期即将结束的时候，似乎在开始好转。如果天气更暖和一些，对于象我这样正在恢复健康的人来说，这无疑是一个非常好的休养地。

我的同伴[251]（这只限我们之间谈谈）几乎什么也吃不下；神经性抽搐使她很痛苦；要是不去购买必需品或稍微散散步，她就整天读书写字；她很沉默寡言，事实上，她同我一起呆在这里似乎只是出于义务感，就象一个把自己作为牺牲品的蒙难者似的。

没有从燕妮[252]那里得到关于圣诞节礼物的新消息吗？这事使我不安。

亲爱的孩子，你知道，在这里，我直到现在遇到的只是消极的东西，因此不能告诉你任何积极的东西，只能告诉你一个很大的发现：在这里代表地方文坛的就有三家报纸，这里甚至有艺术学校和科学研究所，科学研究所在下星期一晚上要举行关于印度的种姓和"手工业"的大型讲演。

我今天收到了莱茵哈特从巴黎寄来的一封信，他在信中最诚挚地、怀着最深厚的同情谈到我们的巨大的不幸[253]。德国资产阶级报纸迫不及待地宣布，有的说我死了，有的说我在最近的将来必然要死亡，这使我很开心；为了它们，"这个与世界失去联系的人"也一定要重新成为有活动能力的人。

威拉德·布朗从纽约给杜西写了一封信；他委托在新奥尔良的一个很亲近而有资格的朋友照料你们家的事情。这位朋友写道，骤然看来这里发生过大骗局，不过首先他应该进行详细的调查，以便掌握确凿的证据。

随信寄去《泰晤士报》上（1881年12月29日的）金融论文的剪报，给保尔[254]做为笑料，这篇文章显然是萨伊先生和路特希尔德先生给登出来的。

（问候保尔和海伦。）

再见，我亲爱的孩子。望快来信。

你的　老尼克

（《马克思恩格斯全集》第35卷第246—248页）

1882年2月23日于阿尔及尔
致燕妮·龙格

亲爱的孩子：

气候一直很好；我住在阿尔及尔城堡外小山上的一所非常舒适的别墅里。现在我需要的唯一的东西，就是安静；但愿很快恢复健康。

吻所有的孩子们；问候龙格。

深深爱你的　老尼克

[马克思在明信片的背面写着][255]

（法国）巴黎阿尔让台镇梯也尔林荫路11号沙尔·龙格夫人

（《马克思恩格斯全集》第35卷第281页）

1882 年 3 月 16 日于阿尔及尔

致燕妮·龙格

我亲爱的孩子：

通过费默收到了你的信以后，我派信差到"东方"旅馆去，也在那里查询一下，他给我取来了你 2 月 24 日的信。

现在简单地给你淡谈我的健康状况。

由于我咳嗽加重，痰多，失眠，等等，我把斯蒂凡医生请来了（他还给我同旅馆中隔壁的旅客看病），于是从 2 月 26 日他第一次给我诊察以后，我一直由他治疗。这是一个非常果断而严格的人。他发现，由于自从我离开巴黎以来一直到现在为止的种种不利因素凑合在一起，我的左侧——因为患胸膜炎而变衰弱——机能不正常。治疗的主要药物是斑蝥膏（用斑蝥火胶在左背和左胸"文身"

的办法来排除液体），它对我很有效，另一种是"镇静"药，治咳嗽的；最后，还有亚砷酸钠（无味，象水一样）——每次饭后服用。只要天气许可，让我继续在早晨进行短时间的散步。

遗憾的是（要是有良好的天气，厉害的咳嗽也许自然好了），3月6日开始咯血，而在3月8、9两日大量吐血以后，比较轻微的咯血一直继续到12日，13日咯血才彻底好了。这样，这件不愉快的事拖了一个星期；斯蒂凡医生努力进行了治疗：禁止任何活动（当然也包括散步），几乎也完全禁止谈话，规定进行热足浴等等，此外还开了效力很强的药剂。同时，继续用斑蝥膏、治咳嗽的镇静药等等给我进行治疗；这样一来，咳嗽的确是大大减轻了。天气也开始渐渐在变化，虽然它还不十分好。我们的别墅（"维多利亚"旅馆）座落在小山上，面前就是海湾，两旁是象罗马戏院座位那样一层层高起的别墅；这里空气非常好，甚至不需要在我住的和旁边的其他房间的前面的小走廊上，或者在作为下楼的通道的凉台上散步。医生要在给我的患病部位再作一次检查之后，才准许我散步。应当说，近来我不仅又有了食欲，而且终于又睡得着了。（实际上，从2月16日在巴黎旅馆的那一夜起，到上述的这个时候为止，一直连续不断地失眠。）

总之，结果是这样，正如我已向伦敦写信说过的[256]，由于这一次愚蠢的、考虑不周的旅行，现在我的健康又处于我离开梅特兰公园[257] 时的那种状况。不过，我应当说，许多来到这里的人都遭受了，而且现在仍然在遭受着同样的厄运。最近十年来，阿尔及尔从没有过这样糟糕的冬季。在有了威特岛[258] 和其他地方的经验以后，当时我自己是犹豫不决的，但恩格斯和唐金彼此互相激发了对非洲的热情，而且他们两人都没有得到任何特别的情报，都没有考虑到今年的气候异乎寻常。我几次力图用暗示的方法告诉他们，最好还是先去门顿（或尼斯），因为拉甫罗夫从他的俄国朋友们那里得到了非常好的消息，可是我那好心的乐观的老弗雷德[259]——我重复一下，只在我们之间说说，他容易由于爱护人而害了人，——对于这类事情却丝毫听不进去。

我应当告诉你，两位女士，这家别墅式的旅馆的两位女主人，对我照顾得十分周到。至于作斑蝥膏的手术，年青的药剂师卡斯特拉兹先生（他从十二月份起就作为病人同他母亲一起住在这里）十分殷勤，他给我"文身"，然后把胀得鼓鼓的水泡挑破，接着把受到了一些刺激的皮肤缠上绷带，等等。这一切他都做得极其小心谨慎，他非常客气地自愿给我帮忙。

对于我来说，再没有比阿尔及尔市，特别是它的郊区的夏天和春天更具有魔力的了，假使我身体健康而且我所有的亲人（尤其是几个外孙）都跟我在一起的话，我会感到自己如同在《一千零一夜》中一样。每当我从你那里得到关于可爱的孩子们的消息时，我总是非常地高兴。杜西也给我写信说,她惦记着孩子们,她很想再跟他们在一起。不过至少在一个月之内恐怕我不能离开这里,因为首先我得在斯蒂凡医生的指导下彻底做完一个疗程,实际上,只有到那时才能开始进行真正的空气治疗(当然,那时的天气要稳定下来才行)。

《正义报》(同《公民报》的论战)我没有看过,而且除了《平等报》以外,根本没有见过任何一家巴黎报纸。从你来信中知道杜西机敏地避免了灾祸[260],我非常高兴。当利沙加勒出版自己的《战斗报》时,当然,你会把它的头几号寄给我。我不相信会搞出什么名堂;不过走着瞧吧。

在我来到这里的头几天(还住在"东方"旅馆的时候),好心的费默使我累极了,我是说,他使我翻山越岭地满城跑,此外过多的讲话也使我累极了。我让他知道我是一个残废人以后,很快就把这一切结束了。不过他是希望我好;现在他知道,安静、孤单和沉默是我的公民天职。

替我吻所有的孩子们。问候龙格。多多地吻你,亲爱的孩子。

你的 老尼克

(《马克思恩格斯全集》第 35 卷第 282—285 页)

1882 年 3 月 20 日于阿尔及尔

致保尔·拉法格

我亲爱的保尔：

您 3 月 16 日的亲切来信我今天（20 日）就接到了，可见，它在路上的时间显然比从伦敦来的一般信件要少得多。

首先，我的好样的加斯科尼人，"上穆斯塔法是什么意思？"穆斯塔法是一个人名，如同约翰一样。沿着以色列路走出阿尔及尔市，就能看到前面有一条长的街道。这条街道的一边，在小山的脚下，耸立着一幢幢四面是花园环绕的摩尔式别墅（"维多利亚"旅馆就是其中之一）；另一边——沿着大路——遍地是象阶梯一样层层下降的房屋。所有这些总称为上穆斯塔法；下穆斯塔法是从上穆斯塔法的斜坡起直到海边。两个穆斯塔法构成一个市镇（穆斯塔法），镇长（这个人用了一个不是阿拉伯的，也不是法国的，而是德国的名字）随时用官方海报向居民作各式各样的通知，——可见，制度是很软弱无力的。上穆斯塔法的街上正在不断地修建新的房屋，拆除旧的房屋等等，虽然从事这种工作的工人都是健壮的人，而且是本地居民，但是他们在做完头三天工作以后就害热病。因此，他们工资的一部分是企业主提供给他们每天服用的奎宁。这种习惯在南美的许多地方都可以看到。

我亲爱的预言家。您的消息这样灵通，以致在信中说："您一定在贪婪地阅读阿尔及尔出售的一切法国报纸"；其实，连"维多利亚"旅馆的其他旅客从巴黎收到的几种报纸我也不看；我的全部政治读物只限于《小庄园主报》（阿尔及利亚的小报，类似巴黎的《小报》《小法兰西共和国报》等等）的电讯。这就是一切。

燕妮给我写信说，她把您也提到的龙格的文章寄来，但我一直没有收到。我从伦敦收到的唯一的报纸，就是《平等报》，但它根本就不能叫做报纸。

圣保罗[261]，您这个怪人！您是怎么知道的，或者是谁告诉您说，我要"用碘酊涂擦皮肤"？您会要打断我说，这只不过是一件小事情，但是其中暴露出您的"物质的事实"的方法。根据爪子可以辨认狮子！实际上，我不是象您说的"用碘酊涂擦皮肤"，而是要让人用斑蝥火胶在背上刺画，以便排除液体。第一次，当我看到被这样刺画过的左侧（胸和背）时，我觉得它真象是种上了甜瓜的小菜园。从3月16日我给恩格斯写信的时候起，无论是背上还是胸上（胸上也刺画），都没有一块干燥的地方可以再作这种手术了；这种手术在22日以前不能再作了。

您说："附上一封准会使您发笑的邀请信。"有可能。但是这封"附上的"信还在您自己的手中，您怎能想叫我发笑呢？等以后有机会时，我要向费默先生提及他过去的同志——蒲鲁东主义者拉法格。现在，医生不让我出去，我就趁此不许任何人来经常访问或进行长时间的交谈。

雨照旧下个不停。气候竟如此反复无常；天气时时变化，经历着各种节气，或者由一个极端突然跳到另一个极端。尽管如此，还是看得出有逐渐好转的倾向，不过需要等待。而与此同时，从我刚离开马赛起到现在为止，尼斯和门顿的天气都一直非常好！但曾经有过一种固定的看法——对此我是没有责任的——这就是非洲的阳光和这里的有奇效的空气！

上星期六，我们把和我们同住在"维多利亚"旅馆的一位名叫阿尔芒·马尼亚德的旅客埋葬在上穆斯塔法；这是一个还很年青的人，是巴黎的医生打发到这里来的。他原在巴黎一家银行做事，在阿尔及尔期间，老板们继续付给他薪金。不过，为了使他的母亲满意，他们打了电报来叫把他的尸体挖出来送回巴黎——而且这一切费用也由他们支付。这样慷慨的事，甚至在那些掌握着"他人钱财"的人那里也是少见的。

我的睡眠逐渐在恢复；没有得过失眠症的人，是不能体会到彻夜不眠的痛苦终于消除时的这种愉快心情的！

向我亲爱的白鹦鹉和所有其他的人问好。

您的　卡·马克思

(《马克思恩格斯全集》第 35 卷第 285—287 页)

1882年3月27日于阿尔及尔

致燕妮·龙格

我亲爱的孩子:

今天(3月27日)收到了你的信。你知道,当我每次得到你的音信的时候,我是多么幸福。我的信没有向你隐瞒过最坏的事情,因此,你也完全可以相信,我说自从我给你写了上一封信[262]以来,我的健康状况不断好转,这完全是实话。失眠(原来这个病最糟糕)好了,食欲恢复了,咳嗽再没有大发作,相反地,已大大减轻。不言而喻,因为斑蝥膏有强烈的作用,每星期只能上一次,所以左侧胸膜(肺组织本身还根本没有伤及)的疗程还需要一些时间。当然,天气极不稳定,时常突然变化,有暴风、酷热、严寒和雨,实际上,好的时刻只是罕见的现象;要有稳定的,与季节相称的,暖和的和"干燥的"天气,那只是梦想。例如,昨天我们还以为决定性的转变来了,——天气非常好,我还去散了散步——但是今天天空晦暗阴沉(带有黑色),大雨倾盆,狂风怒号。这里的人们已经厌倦到了极点,因为很明显,这样的天气从十二月份(包括十二月在内)以来对于阿尔及尔来说就是完全不正常的。而问题就在于,本来应当预先弄清这种情况,而不应碰运气地作这样的旅行。

只在我们之间说说:虽然威特岛[263]的天气不好,可是我的健康状况却大为好转,以致当我回到伦敦的时候,大家都惊讶不已。况且在文特诺尔,我是安心的;而相反地在伦敦,恩格斯的担心(还有多嘴的拉法格也认为,我需要的只是"散步"、新鲜空气等等)实际上弄得我心绪不宁。我感到,我再也不能忍受这种情况了;所以当时我那样着急地一定要离开伦敦!可见,最真实诚挚的爱可以害人;在这种情况下,对于一个正在恢复健康的人来说,还有什么更危险的东西呢!

亲爱的孩子,正象我已经告诉过你的[264],我很走运,我在这里所交往的都是些心地善良的、友好的、朴实的人们(瑞士籍的法国人和真正的法国人;在我的别墅式的旅馆中,既没有德国人,也没有英国人)。莫里斯·卡斯特拉兹先生自告奋勇在斯蒂凡医生的指导下来帮助我;甚至尼姆[265]也不见得更能体贴入微。所以,我的孩子,你不要因为我好象无人照顾而感到苦恼。不论是男人或女人对我的照料都十分周到，另一方面，我享有"病人"的特权——当我想一个人待着或者不想管周围事情的时候，我可以沉默不语，不闻不问等等。

实际上，我根本没有注意法国的、英国的和其他国家的日报，我只阅读电讯。我希望得到的，就是象龙格论罢工那样的文章（拉法格在给我的信中非常赞扬这些文章）。关于马萨尔的蠢事，到现在为止，除了你写信告诉我的以外，我一无所知。

请你写信给希尔施，让他把他在亚当夫人的杂志上发表的文章[266]寄给我。我多么盼望有朝一日飞毯能把琼尼送到我这里来。我可爱的孩子要是看到摩尔人、阿拉伯人、柏柏尔人、土耳其人、黑人——总之，所有这些巴比伦人，以及掺杂有"文明的"法国人等等和迟钝的不列颠人的这个东方世界的服装（大部分是非常优美的），会感到多么惊奇。替我吻我的小哈利、高尚的狼和伟大的帕!

我亲爱的孩子，现在再见吧，并代我问候龙格。

你的 老尼克

暂时还谈不上做什么工作，甚至不能为了再版而校订《资本论》[267]。

(《马克思恩格斯全集》第35卷第288—290页)

1882年4月6、7日于阿尔及尔

致燕妮·龙格

我亲爱的孩子：

费默法官刚才给我带来了你3月31日的信；我对你的来信总是感到极为高兴，但是，我亲爱的孩子，你哪有时间写信呢？我经常为你的小家务担忧，因为你得在艾米莉这样糊里糊涂的怪人的帮助下去料理，何况单是你的四个小家伙本身就要占去甚至一个最能干的女仆的全部工作时间。

你答应给我的几号《正义报》，前几天费默已交给我了（上面也有希尔施的作品，这是从亚当夫人的《评论》[268]上转载来的）。龙格论罢工的文章写得很好。顺便说一下，在一个地方他说，拉萨尔想出来的只是词句（而不是发现了李嘉图和杜尔哥等人确定的规律本身）。[269] 而实际上他——拉萨尔——是借用了"有文化的"德国人所熟悉的歌德的说法，而歌德则是把索福克勒斯的"永恒不变的规律"[270] 改为"永恒的铁的规律"[271]。

费默不得不在我的"房间"里沉默地坐在我的对面看书，等着我把给杜西的信写完（那一天我收到了她的以及恩格斯的来信），交信差送到城里去。

今天我在等着斯蒂凡医生。如果他来的话，我就能够在这封明早将要发出的信中把他检查的结果告诉你。其实，我的健康恢复得还不错，尽管对于一个渴望重新获得活动能力并结束这种残废者的无聊职业的人来说还是缓慢的。但是这种拖延都是由十分异常的阿尔及利亚的坏天气造成的。费默在这里住了十二年，从来不记得有这样的天气。天气仍然是不稳定的、变化无常的——真正的四月天气，突然由阳光灿烂变为下雨，由酷热变为严寒，晴朗的天空变成阴暗的、几乎是乌黑的天空，干燥的空气变成充满水蒸气的空气；总之，天气绝不是"靠得住的"，或者说远不是这里一般认为是平常的、"正常的"阿尔及利亚的"春季"天气。虽然如此，在风不特别大和不下雨的时候，四月的早晨还是舒适的，因此，我今天、昨天和前天才能享受早晨散步的快乐。这样，我连续三天每个早晨都愉快地散步了一两个小时。

刚才从象阶梯一样层层高起的小花园（满园红花盛开）传来的

喧闹声打断了我。花园有一条通向我们的阳台（它与我们别墅的第一层是连接着的）的林荫道，而我的房间（还有另外的五间）是在二楼，对着阳台顶上的小走廊；阳台和走廊前面是海景，四面是迷人的全景。就这样，喧闹声把我吸引到走廊。如果小琼尼站在我身边，看到下面花园里那个漆黑的真正黑人拉着小提琴跳舞，带着愉快而开朗的笑容敲打着长长的金属响板，用自己的身体做出优美的动作，那他会多么快活地从心眼儿里大笑起来啊。阿尔及利亚的黑人以前多数是土耳其人、阿拉伯人等等的奴隶，但在法国人的统治下得到了自由。

就在他即黑人的后面，有另外一个人，仪表端庄、微带温和的笑容，在观看这场黑人表演。这是个摩尔人（英文是Moor，德文是Mohr）；顺便说一下，在阿尔及利亚把一小部分离开了沙漠和他们的村社，在城市里和欧洲人住在一起的阿拉伯人称为摩尔人。他们身材高于一般的法国人，他们有椭圆形面孔，鹰勾鼻子，炯炯发光的大眼睛，乌黑的头发和胡须，但他们的皮肤有各种颜色，从近乎白色到深褐色。他们的服装——甚至是穷人的——都漂亮而雅致：穿短裤（或者长衫，不如说是用白色细毛料做的托加）或者带风帽的斗篷；他们用缠头或者一块作裤腰带用的白凡尔纱包着头（在气候不好、天气炎热等等的时候，风帽也作此用），他们平常光着脚，不穿鞋，只是有时穿黄色的或者红色的摩洛哥皮做的鞋子。

甚至最穷的摩尔人，在用斗篷"披身的艺术"方面，在走路或站立时所表现出的自然优雅和高贵气度方面，都胜过欧洲大演员（他们在骑骡子或驴子，偶尔也骑马的时候，一般不象欧洲人那样跨在它们身上，而是把两条腿放在一边，表现出懒散地沉入幻想的样子）。

上面说的在我们花园中站在黑人后面的那个摩尔人开始叫卖"橙子"和"公鸡"（也有母鸡）——这两种商品合在一起卖是令人奇怪的。在这个甚至现在还没有失去其庄严的摩尔人和正在跳舞的得意地微笑着的黑人之间，有一只鸟庄重地走动着，这是一只极为高傲的孔雀（我们这里一个房客的），它有一个非常美丽的蓝脖子和一条非常漂亮的长尾巴。我是多么想听到我的琼尼看到这个三重奏时的响亮笑声啊！

现在是下午四点钟（饭后有一部分时间我当然是同费默交谈，他给我带来了你的信，而后回到阿尔及尔去了）。现在下雨，气温骤然下降，使人感到极不舒服。向杜尔朗医生致良好的祝愿！

1882年4月7日

雨下了一整夜；今天早晨天空多云，但没有雨；空气清爽，尽管水蒸气太多了。我散步了一小时（早晨九至十时），我担心会碰上雨，但是到现在还没有下。由于斯蒂凡医生前天没来，昨天也没来，我今天早晨给他写了封信；无论如何今天就把这封信发出，不能等医生检查的结果了。斯蒂凡医生不会在下午五点钟以前来。你看，这是个好迹象，医生开始对我放松些了——就是说，他不再那么担心了，所以不严格遵守出诊的时间间隔了。

如果我能回到我外孙们和他们好妈妈的身边，我该多么幸福啊！我根本不愿意在这里待得比医生认为绝对必需的时间更长些。

多多地吻你。

你的　老尼克

附去一份剪报，这是从恩格斯寄给我的一份美国的德文报纸上剪下来的。这是对最近的"德国奴才诗歌"的有趣的批判。我希望龙格尽力研究一下。

亲爱的孩子，我已经把这封信封上了，可是又不得不拆开它。斯蒂凡医生来得比我预料的要早些。经过新的检查，他断定——我很高兴，我能把这点告诉你，——在这段时间我的左侧恢复得几乎也象右侧那样好了。

(《马克思恩格斯全集》第35卷第291—294页)

1882年4月13—14日于阿尔及尔

致劳拉·拉法格

我可爱的白鹦鹉：

我由于到现在才给你写信而在责怪自己，但这并不是因为有什么特别的事情要从这里写信告诉你。我经常回想起你在伊斯特勃恩[272]，在我生病的燕妮[273]的床边，当你每天来亲切探望，使唠唠叨叨的老尼克感到如此快乐的时候的情景。但是，亲爱的孩子，你要知道：整个上星期和这个星期，费默都在度复活节假。他的住宅在米歇尔街（这样叫上穆斯塔法的一段路），位于耸立着"维多利亚"旅馆的小山的脚下。这个旅馆离费默那里很近很近，不过他得"爬山"，因为往上没有铺设道路。实在说，他在这段时间里如此热心地看望我，以致我想在午饭后写信的美好的打算成了泡影。一般说来，费默先生决非令人讨厌的客人，也还算幽默。在我给他看了几号《公民报》和《平等报》之后，他到我这里来时，对盖得的那种一直要继续到用印刷油墨预先把最后一个压迫者资产者斩首为止的"未来的恐怖主义"进行了不少的讥笑。费默不喜欢阿尔及尔；他，他的全家都不适应这里的气候（热病等等常来拜访），——虽然这一家的全体成员，从他的夫人开始，都是"土著人"。但最主要的还是，法官的薪水只能勉强维持很简朴的生活。在殖民地的主要城市里生活费用一向是很高的。有一点他是赞同的——任何地方，任何一个同时又是中央政权所在地的其他城市，都没有这里这么行动自由：警察缩减到最必需的最少数量，社会中的放荡不羁现象闻所未闻，——所有这一切都是因为有摩尔人的影响。事实上穆斯林居民不承认任何隶属关系：他们认为自己既不是"臣民"，也不是"被管理的人"，除了在政治问题上以外，没有任何权威，——这正是欧洲人所不能理解的。阿尔及尔的警察为数不多，而且大多数是土著人。同时，在按其本性来说都是放荡不羁的各种民族混合在一起的这种情况下，往往必不可免地发生冲突，并且卡塔卢尼亚人不辜负自己的老名声：在他们的白色或红色的腰带里——他们的腰带不是象法国人那样系在衣服底下，而是象摩尔人等一样扎在外衣上——就象经常佩戴着"饰针"一样，佩戴着长匕首，这些卡塔卢尼亚的子女不分青红皂白地"使用"它们来反对意大利人、法国人等等，以及当地人。顺便说说，几天前在奥兰省捕获了一伙制造伪币的人和他们的头目——以前的西班牙军官；原来，他们的欧洲代理机关设在卡塔卢尼亚的首都巴塞罗纳！他们中间有一部分人没有被捕，偷偷地逃到西班牙去了。这个新闻以及其他的类似新闻，我都是从费默那里听来的。法国政府方面向费默提出了两种有利的建议：第一，去新喀里多尼亚，他同时被指派在那里建立新的诉讼程序，薪俸是一万法郎（并且连家属一起都免费乘车到那里去，到达那里以后还有公家的免费住宅）；或者，第二，去突尼斯，在那里他也可以得到比这里更高的法院职位，条件也更优惠。已经给了他时间进行选择；他将接受其中的一个建议。

从费默先生自然要转到天气上来，因为他非常爱咒骂天气。从复活节的星期一（这一天也包括在内）起，我没有放弃过一次早晨的散步，尽管只是昨天（12日）和今天没有出现过变化无常的四月天气。昨天——虽然我们经受了轻微的西洛可风，即几阵疾风——天气基本上是好的；在早晨九点钟（12日），背阴地方的气温是19.5°，而在太阳下面是35°。虽然我早上已经散了步（4月12日），午饭后我又去阿尔及尔观看了几天前驶入它的港湾的俄国装甲舰"彼得大帝号"。

官方气象局预告说4月15—16日（将有暴风雨）和4月19、21、25、27、29、30日将有强烈的大气运动；不过四月下半月的天气总的来说将是好的;但是,与此同时恐怕随着五月的到来,——作为对没有真正的阿尔及利亚的春天(因为它只是昨天才开始的)的一种补偿——难以忍受的暑热马上就要来了。无论如何,我不愿意做天气实验站的实验对象。最近四个半月以来天气非常不正常,在这种情况下,天晓得阿尔及尔会给我们准备下什么。大多数有远见的人(其中包括著名的"兰克")前天就离开了非洲海岸。我只能待到斯蒂凡医生声称我的左边已经修好为止,至于患胸膜炎留下来的瘢痕就不去管它了,关于这点非常有学问的唐金和休谟医生当然都知道。令人不愉快的是,在这里,咳嗽经常复发,尽管不厉害,但总是使人厌烦。

这封信中断了,这是最愉快的:有人敲门;请进!罗扎利太太(女仆之一)给我送来了你,亲爱的白鹦鹉和好样的加斯科尼人[274]的信——一封长信,在信纸上,和信封上一样,已经有"国民联合公司"[275]的公章。看来这次事情成功了。这不是卡·希尔施先生所袒护的企业!另一方面,更多地触动我的,当然是我的白鹦鹉要走了。希望这还不是很快就发生的事情。姨母白鹦鹉对小燕妮和她的孩子们[276]来说,将是很难得的,这对我来说也是某种补偿;况且也没有必要成年呆在伦敦;巴黎又这么近。顺便说一下。拉法格是否给彼得堡寄去了文章的续篇[277](我不知道第一次寄去的东西怎么样了)?非常重要的是不要失掉彼得堡这样的点;它的重要性将与日俱增!对于往那里写通讯的人来说也同样如此!

这封信又中断了:时间是午后一时,我已经答应同卡斯特拉兹夫人、她的儿子[278]和我们旅馆的另一位旅客克劳德夫人(来自纽沙特尔州)去参观"哈马公园"或"实验公园"。要到吃饭的时候(晚上六点钟)才回来,而在饭后我从来还没敢写过信。所以,明天才能写完这封信。只是为了给白鹦鹉增加一些有益的知识,我再谈一点:1541年10月23日在皇帝查理五世(或者以西班牙的历史为依据是查理一世)指挥下二万四千名士兵正是在这个"哈马"登陆的[279];一个星期以后他不得不把自己的杰出的残余败军装上了船,这些船是在26日的暴风雨中保存下来的,好不容易被多里亚收集在麦提福附近。这个地点,即麦提福角,位于阿尔及尔港湾终止的地方,在阿尔及尔对面东岸上,我从"维多利亚"旅馆的走廊上用好的望远镜可以看到它。

4月14日星期五

此刻,即午后一时左右,我开始写这封信,是想对上面写的作点补充。昨天白天同12日一样,天气晴朗。12和13日的傍晚(晚八时左右)都很暖和——这是很不寻常的——但同时又凉爽(相对来说),因此确实是令人心旷神怡的。今天早晨暖和得有些"闷热",但在后两小时风刮得很大,昨天预告的14到15日的"暴风雨"可能要来了。

昨天午后一时我们走下去,到了下穆斯塔法,电车把我们从那里送到"哈马公园"或"实验公园",这个公园被用来作为公共娱乐的地方(有时还奏军乐),作为栽培和推广当地植物的苗圃,最后还作为进行植物科学实验的植物园。整个公园占有很大的面积,一部分是山地,另一部分是平原。要想更仔细参观,至少需要一整天,除此之外,还需要有一个譬如象费默先生的朋友、老傅立叶主义者杜兰多先生这样的内行的人作陪,杜兰多是植物学教授,在"法国登山运动员俱乐部"举办星期天定期游览时,他是该俱乐部一个小组的领导人。(很遗憾,我的健康状况以及斯蒂凡医生的严格禁令,至今还不容许我参加这些游览,虽然我已被邀请过三次了。)

这样,在进入"实验公园"以前,我们喝了咖啡,——当然是在露天里——喝摩尔人的咖啡。摩尔人的咖啡做得非常好,我们坐在长凳上喝。有六个来参观的摩尔人……[280],坐在粗糙的矮木板台子上面,弯着腰,交叉着双脚在享受着自己的"小咖啡壶"(每个人都有自己的小咖啡壶)带来的愉快,同时在一起玩着纸牌(这是文明对他们的征服)。下述场面使人非常吃惊:这些摩尔人中间有几个穿着很讲究,甚至很豪华,其余的穿一种我不妨暂且叫作"短衫"的衣服,看样子过去是白色毛料的,但现在已经破烂不堪;然而在真正穆斯林的眼睛里,这类事情,幸运或者倒霉,都不会造成穆罕默德的子女之间的差别。他们在社交中绝对平等——是完全自然的;

相反地,他们只是在风俗习惯受到破坏的时候,才意识到这种平等;至于谈到对基督徒的仇恨及最后战胜这些异教徒的希望,那末他们的政治家正当地把这种绝对平等感,把这种平等的实际存在(不是在财产或地位上,而是在人格方面)看作是支持这种仇恨并且不放弃这种希望的保证。(然而没有革命运动,他们什么也得不到。)

关于"实验公园"的平原部分,我只指出一点:它被非常美丽的三条纵向的大林荫路所切开;在主要入口的对面是梧桐林荫路,其次是"棕榈林荫路",这条路的尽头是由七十二棵大棕榈树组成的绿洲,一直延续到铁路和海岸,最后是木兰和一种无花果树(ficus roxburghi)林荫路。这三条大的林荫路又被许多其他横着穿过去的林荫路所切断,例如长长的令人惊叹的"竹子林荫路","纤维质棕榈"、"龙血树"、"桉树"(塔斯马尼亚的蓝色树胶树)林荫路等等(后几种生长得非常快)。

当然,在欧洲植物园里是不可能有这类林荫路的。

在一个周围全是梧桐树的圆形大广场上,午饭后演奏了军乐,军士,即乐队的指挥穿的是通常的法国制服,相反,乐队(一般士兵)穿的是红色的肥大灯笼裤(东方式样的),白色薄呢鞋系着裤脚口,头上戴着红色非斯卡帽。

在公园的树木里面,我没有提到橘子树、柠檬树、还有扁桃树、橄榄树等等(虽然正是它们也使我闻起来感到很愉快),更没有提到仙人掌和芦荟，它们（同野生的橄榄和扁桃一样）野生在我们住所附近的乱木丛中。

虽然我很欣赏这个公园，但我必须指出，这次参观以及类似参观中令人不愉快的方面，就是无法避免的石灰粉，尽管午饭后，回家以后，夜里，我都感觉很好，然而石灰粉的刺激所引起的咳嗽在某种程度上使我感到伤脑筋。

我今天还在等待斯蒂凡医生，但这封信我不能拖延不发；因此，关于他诊断的情况就要晚些再报告给弗雷德[281]。

最后，象士瓦本的迈尔通常说的那样：我们要把自己放在稍微高一点的历史观点上。和我们同时代的游牧的阿拉伯人（应当说，在许多方面他们都衰落了，但是他们为生存而进行的斗争使他们也保留下来许多优良的品质）记得，以前他们中间产生过一些伟大的哲学家和学者等等，也知道欧洲人因此而嘲笑他们现在的愚昧无知。由此产生了下面这个很能说明问题的短小的明哲的阿拉伯寓言：有一个船夫准备好在激流的河水中驾驶小船，上面坐着一个想渡到河对岸去的哲学家。于是发生了下面的对话：

哲学家：船夫，你懂得历史吗？

船夫：不懂！

哲学家：那你就失去了一半生命！

哲学家又问：你研究过数学吗？

船夫:没有!

哲学家:那你就失去了一半以上的生命。

哲学家刚刚说完了这句话,风就把小船吹翻了,哲学家和船夫两人都落入水中,于是

船夫喊道:你会游泳吗?

哲学家:不会!

船夫:那你就失去了你的整个生命!

这个寓言会使你对阿拉伯人产生某些好感。

多多地吻你和问候你。

(向大家致良好的祝感。)

老尼克

(《马克思恩格斯全集》第35卷第297—304页)

1882年4月28日于阿尔及尔

致燕妮·龙格

亲爱的孩子：

只说三言两语：我想，只有在海滨居住才能对可怜的哈利有帮助。如果有可能的话，你应当赶快带他和他的小兄弟们到诺曼底去。你的推测完全象孩子一样，以为我可以事先不同你和我的外孙们见见面（不管见面的地点是诺曼底、巴黎或者别的什么地方）就回英国去。

至于谈到我的健康，情况正在继续好转，否则斯蒂凡医生不会允许我离开"非洲"。我想，在里符耶腊的"过渡"阶段只需两周或两周左右就足够了。

亲爱的孩子，向你致良好的祝愿。

老尼克

（《马克思恩格斯全集》第35卷第306—307页）

1882年5月6日于蒙特卡罗

致劳拉·拉法格

我亲爱的白鹦鹉：

我到达蒙特卡罗[282]这儿总共才几个小时。我甚至怀疑能否找到足够的时间来写已经答应给恩格斯写的信（无论如何他晚一天就会收到信）。

现在，我得为各种小事东奔西跑。寄给你一张照片，另一张给弗雷德[283]；没有一种艺术会使人更难看。

老尼克

（《马克思恩格斯全集》第35卷第309页）

1882年5月8日于蒙特卡罗

致燕妮·龙格

亲爱的小燕妮：

蒙特卡罗——给你寄出这封短信的地方，是构成"摩纳哥"国家的三位一体的三个（并列的）地方（摩纳哥、康达明和蒙特卡罗）之一。环境非常优美，气候比尼斯甚至比门顿还要好。

当然，我总是碰到滑稽的事——把头两个雨天（一月以来的）带到了这里，好象是雨专门在等待着我从阿尔及尔到来似的。但是，如果不算这一点，我遇到了非常好的天气。

你从我最近一封信中已经知道，我的胸膜炎算是对付过去了；支气管卡他只能逐渐好起来。其实，空气很快会到处变得干燥和温暖（相反地，人们不得不担心缺乏雨水）；太阳的作用将特别厉害，因为它整个儿蒙上了大黑点。一句话,到处很快会出现对我有利的天气。

由于不知道我将在这里待多久,所以希望立即从巴黎告诉我,在什么地方我可以找到你们。最好是给我这里打电报,因为打一个三四个字的电报就可以把必要的一切通知我了。

多多地吻孩子们。

你的　老摩尔

(《马克思恩格斯全集》第35卷第310页)

1882年5月21日于蒙特卡罗

致爱琳娜·马克思[284]

亲爱的孩子：

我欠你的债已经很久了，本来我打算今天（星期天）给你写一封长信，但人是这样想，可事要由温度计来安排。今天例外地天气非常好，因此想到户外去过一天，不想"坐下来写信"。而晚上我不写信：我已经答应过我的卫生顾问。

同朋友费默分别的时候，我对他说过：只要我一登上法国南部的海岸，天气立即会发生变化。果然——我就是这种"不走运的"人，而且我为自己的这种特点而自豪——预言部分地实现了。从一月初起，里符耶腊出现了有如夏季一般的罕见的好天气，只有一些爱唠叨的人抱怨雨水少。从5月4日我到达马赛时就开始下雨，有时整天整天地下,更经常的是下半天,并且几乎总是夜间有雨;气温总的是下降;有时刮冷风;一般地说,天气不稳定,变化无常;空气里——即使不是经常地——充满了水蒸气。尽管如此,这里的天气还是比较好的,暖和的,虽然不是我的肺部现在恰恰需要的那种干燥和稳定的天气。但是,无论在意大利或在其他地方,目前都没有更好的天气:卡恩、蒙特卡罗和门顿是三个最有益于健康的地方,气温最平稳,平均温度比尼斯、罗马和那不勒斯高。

你的　老尼克

[马克思在明信片的背面写着]

(英国)伦敦(西北区)梅特兰公园梅特兰公园路41号马克思小姐

(《马克思恩格斯全集》第35卷第318—319页)

1882年5月26日于蒙特卡罗

致燕妮·龙格

亲爱的孩子：

每当我收到你的信的时候，我总是感到幸福，虽然我觉得过意不去，因为你的老尼克剥夺了你的一部分晚上休息时间。

我的健康正在随着天气而好转。可能我六月初迁往卡恩并在那里待一周左右。一切都要根据医生的意见和六月份夏天开始时的情况而定。

拉·(我说的是从古巴岛来的那个人)[285]的报纸[286]出了一些重大的差错，多半是由于无知和想"走得尽可能远"的幼稚愿望造成的。

至于《战斗报》，到目前为止我没有发现那上面有什么精彩的东西。诚然，我只读了开头的四号，不过我总归会有时间看它的！

我的心同你和孩子们在一起，我惦念他们。但是经过一系列极不愉快的"医疗"试验，我不再着急了。无论如何，希望很快同他们在一起。

你的　老尼克

[马克思在明信片的背面写着][287]

巴黎阿尔让台镇梯也尔林荫路11号沙尔·龙格夫人

（《马克思恩格斯全集》第35卷第319—320页）

1882年5月28日于蒙特卡罗

致爱琳娜·马克思

亲爱的小杜西：

无论在恩格斯的信中或昨晚收到的你的信中，我都没有发现倍倍尔的信。大概是由于疏忽大意，信还留在伦敦。无论如何，这事与我无关。

今天背阴的地方是二十四度，大致从我给你寄明信片[288]的那天起暑热开始了（虽然天空还不象熟悉此地情况的人所要求的那样没有一点云彩）。在这种情况下，原想给你寄一个详细报道的"善良愿望"又不能实现了；但这是个不大的损失。

至于从阿尔及尔启程的海上旅行，我只说一点，天气对这次旅行是很不利的；特别是5月4日至5日的那个夜间有猛烈的暴风雨；

我的船舱（而且我不得不同一个里昂的普通商人合坐）里面风很大。当我们一早（5月5日）到达马赛时，正下着寒冷的滂沱大雨。轮船不能靠岸，只好把乘客和行李由小船转运，后来，使我们大为满意的是，在我们被允许进入尼斯以前，我们不得不在寒冷的而且有穿堂风的海关炼狱中待几小时。这些使人感冒的"因素"又在一定程度上破坏了我的肌体的工作，并使我在蒙特卡罗重新投入埃斯库拉普的怀抱；如果单单是治疗"支气管"，那我就不需要埃斯库拉普，只要按斯蒂凡医生开的方子服药就行了。我想，库奈曼医生过几天会放我走（可能在下星期二，5月30日）。所以，我在六月初以前无论如何逃不出这个强盗窝。我是否还要在这里待得更久，这要由库奈曼医生决定。患有呼吸道疾病的人，在一般有利的气候条件下，增加敏感性（因此，他们更容易旧病复发）。例如，在北方，由于突然吹了一点穿堂风而引起胸膜炎、支气管炎等等的急性发作，这是不可想象的事，而在阿尔及尔，法国居民则必须经常保持警惕。有位弗略里太太，现在就住在这里的"俄罗斯"旅馆，她由于患支气管炎从巴黎到卡恩去了；在三月份和四月份，她在那里完全恢复了健康，还心情愉快地去爬山等等。为了巩固疗效和散心，她从卡恩到了蒙特卡罗，在这短短两小时的路程中，在昂提布的火车站上感冒了，现在她感觉自己比以前在巴黎时还要坏些。据那些不是为了娱乐或赌博而到这里来的人说，他们十个人中大约有九个成了旧病复发的牺牲品。

歌德在赞美"脱去"老蛇皮的人[289]的时候,大概没有把脱去人造"假皮"算做返老还童的过程。

下次,当天气不象今天这样"烤人"的时候,我一定再给你讲讲这个盖罗尔施坦公国的一些事情。(这里总离不开奥芬巴赫的音乐,离不开施奈德尔小姐[290],离不开穿着过于讲究的宪兵——他们不到一百人)。这里大自然很美,而且它还经过艺术的修饰,我指的是魔术般地出现在不毛的山岩上的花园,它们有时顺着陡坡倾斜而下,直到迷人的蓝色大海,宛如巴比伦空中花园的平台。但是,摩纳哥—盖罗尔施坦的经济基础是赌场。只要明天关闭赌场,整个摩纳哥—盖罗尔施坦就会进入坟墓!我不喜欢去赌场;你想象一下,在饭店,在咖啡馆等地方,人们谈论和窃窃私语的几乎全是关于轮盘赌以及"三十和四十"[291]。例如,一会儿某个年青的俄国女人(某俄国外交官的妻子,"俄罗斯"旅馆的一个房客)赢了一百法郎,当场又输了六千法郎;一会儿某人已经没有回家的路费了;另一些人输得倾家荡产;只有极少数人在这里赢了很少一点钱走了;我指的是赌徒中的少数人,而他们几乎全是富人。在这种场合下根本谈不到精打细算等等;只有很小很小的机会可以碰上好"运气",尽管如此,如果人们有一笔可观的赌注,他们就会拿它去冒险。我了解,这也吸引着女人:上流社会的女士们和半上流社会的女士们,女学生和女市民,全都跑到这里来,这是这里所有的人都亲眼目睹的。我想,除了会同赌场一起沦落下去的摩纳哥—盖罗尔施坦以外,尼斯如果没有这个蒙特卡罗的赌场,也不能作为一个时髦的城市维持下去,在冬季,上流社会的人士和冒险家们都麇集在这里。尽管如此,这种赌场同交易所相比,是多么幼稚的游戏啊!

(该换掉这个笔尖和墨水了:用它们写字真要一套完整的艺术!——这话我是不由自主地脱口而出的。)

在娱乐场(那里面也进行赌博)的右边紧挨着的是"巴黎咖啡馆",它的旁边有一个小亭子;那里每天都张贴着耀眼的广告,不是印的,而是画的,有作者姓名的缩写字:人们花六百法郎可以从他那里知道白纸黑字写的全部科学秘密,即只要有一千法郎就能在轮盘赌或者"三十和四十"中赢得一百万。而真有不少人去上这个为傻瓜设下的圈套!确实有很多男女赌棍都相信这种纯属碰运气的赌博的科学;先生们和女士们坐在"巴黎咖啡馆"门前或娱乐场的美丽花园的条凳上,手持计算表(铅印的),低着头,在乱写乱画计算着什么东西,或者,一个人深思熟虑地对另一个人述说他所喜欢的是"哪一种办法"——是否应该赌"级数"等等,等等。可以认为,人们入了疯人院。摩纳哥的格里马耳迪[292]和他的盖罗尔施坦公国,以及赌场的承租人都发财致富,并且归根到底比被他们哄骗的人对奥芬巴赫有"更大的兴趣"。

如果我的住址有变化,我一定打电报通知你。无论如何,回家的时候——首先我要去巴黎——我会一路"小心谨慎"并在中途停顿。

向全家致良好的祝愿。

老尼克

(《马克思恩格斯全集》第 35 卷第 320—323 页)

1882年6月4日于卡恩[293]

致燕妮·龙格

亲爱的孩子：

我将在6月6日开始的那周的头几天中的一天到达。我不能说准确；这取决于事先无法预料的种种情况。因此，如果你不去为我到达的准确日期和钟点而操心，那就使我很感激了。以前我常说，没有任何事象有人到车站来接我那样使我心绪不宁。也不要对任何人说(包括加斯科尼人[294]、俄国人[295]和希尔施)你在那周等我。我希望到梯也尔林荫路11号你的家里得到充分的安静。

你的 老尼克

所谓"安静"我是指"家庭生活"，"孩子们的喧闹"，整个这一

"小小的微观世界"比"宏观"世界有意思得多。

[马克思在明信片的背面写着]

巴黎阿尔让台镇梯也尔林荫路11号沙尔·龙格夫人

(《马克思恩格斯全集》第35卷第324页)

1882年6月17日于阿尔让台镇[296]

致劳拉·拉法格

亲阅

亲爱的孩子：

我曾经同恩格斯讲好——并已经口头告诉过保尔[297]，——只要我能去瑞士（大约在七月下半月），将由你陪同。说实在的，我恐怕不能再次一个人冒险去作这样的旅行。你看，这也就多多少少成了你的义务——作山谷老人的旅伴。

另一方面，由于我应当在这里至少还要逗留三个星期左右来完成在恩吉安的硫矿泉水疗程，所以我希望海伦和杜西在这段时间内到这里来住一个短时期。我已经把这个意思写信告诉过海伦和杜西。

小燕妮邀请拉法格明天来一趟。

再见。

老尼克

[马克思在明信片的背面写着]

英国伦敦北区交叉路特雷姆利特小林坊 37 号保尔·拉法格夫人

(《马克思恩格斯全集》第 35 卷第 325—326 页)

1882年10月9日于伦敦 [298]

致劳拉·拉法格

亲爱的白鹦鹉：

这里的天气不坏，也就是说，有几个小时相当好，阳光灿烂；其他时间天空布满了云，有时下起毛毛雨。但是总的来说，天气不冷，只是早晚经常有雾。

肖莱马星期六到伦敦来了，但只作短暂的友好访问——今天晚上他又要去曼彻斯特，因为明天他要在那里的讲台上"造孽"。他向你致良好的祝愿。

恩格斯很生气，因为已经好几个月不给他寄《平等报》了，我的那一份也不再寄到伦敦来了。订购《公民报》包括寄到伦敦的邮费需要多少钱？我离开巴黎时完全忽略了这件事，你回信后，我立即给你汇款。

昨天我们在恩格斯那里吃午饭。彭普斯和小家伙[299]以及派尔希[300]当然也在那里。小家伙很活泼；无论如何比她妈妈唠叨得有意思得多。

昨天晚上唐金来看望我，但他只在本周内才会给我做医疗检查。他发现我的气色好了些。他认为，在英国即将到来的雾季中，威特岛对我来说是最好的地方。

琼尼很快活，并且一般说来是"幸福"的，虽然常常令人感动地谈到自己的妈妈[301]和哈利。在杜西的指导下，他现在又习惯于每天早上用"冷水"从头到脚冲洗了。他的"健康"是再好不过的了。按时早睡（晚八点），这对他也是有益的。他的学识已达到这样的高度：已经能认"大写字母"以及钟表上的大罗马数字。

我非常焦急地等待从你那里知道燕妮的消息——她的健康状况和家事。龙格一家[302]回来了吗？

伟大的鼓动家圣保路斯[303]当然又在波尔—罗亚尔林荫路的宝塔里坐上了王位。来信给我讲讲他的奇闻趣事吧，但首先是讲讲你自己——你近况怎样，身体怎样。

咳嗽仍旧使我苦恼，这简直是一种警告，我必须彻底根除它，以便重新获得全部工作能力。

琳蘅和琼尼向你问好。

祝你健康，我亲爱的和忠实的旅伴白鹦鹉。

老尼克

（《马克思恩格斯全集》第 35 卷第 367—368 页）

1882年11月[304]10日于文特诺尔

致爱琳娜·马克思

我亲爱的小杜西：

总的来说，我绝不能抱怨文特诺尔。天气反复无常，狂风暴雨，时而多雨，时而干燥，时而晴朗，时而寒冷，等等，但尽管如此，很少有雾，有充足的新鲜空气，除了不多的几天以外，通常一天总有几小时适合长时间散步。昨天和今天的天气相当凉，但从十一点到两点，在海滨（孩子们常在这里玩耍，他们使我想起可怜的哈利）和在我们散步的悬崖下面，直到火车站，甚至到小山岗，都不缺阳光！

亲爱的孩子，你不应当忘记，我决不是在身体好的情况下到这里来的。相反地：几乎连续不断的痉挛性咳嗽，多痰，以及近两周以来夜间越来越不能令人满意的状况——决不是良好的自我感觉的征候。这不可能在一天内发生变化，但是必然会向好的方面变。

实际上，我还是很方便的，在我收到（今天）唐金医生从伦敦寄来的药方之前，我就去找威廉森医生看了风湿病。不过，风湿病的患处离胸膜炎复发的老病灶很近，以致威廉森医生只是经过仔细听诊和叩诊以后，才使我确信，自从唐金医生最近的一次检查以后，一切正常。咳嗽减轻了，但威廉森今天（第二次）来看我时劝我再服一种药；他说，这种药能使我更快地过渡到只须多吸新鲜空气和在户外作长时间的散步便可望完全恢复健康的阶段。

不过，我现在还没有开始真正工作，而是在做各种准备。

你那里有没有威廉·兰伦德的《庄稼汉皮尔斯的控诉》，如果没有，你能否替我到弗尼瓦尔那里去弄到一本，或者，书不贵的话，看能不能从"古籍"[305]发行的书中买到一本。

然后请看看，你能否在一套（旧的）《平等报》中（我指的是以前的《平等报》周报）——放在我床旁的桌上——把巴黎官方经济学家称赞对欧洲来说是廉价的华人劳动的那篇文章[306]，更确切些说是报道，给找出来？有一期以前的马隆的《评论》[307]（摆在沙发后面我的一个书架上）所讨论的不知道是否就是这个关于华人劳动的问题。如果是，而又找不到《平等报》，你能否把这一期寄给我。

我的琼尼在做些什么呢？不再咳嗽了吗？问候他和琳蘅。你的身体怎样?

我终究要给可怜的小燕妮[308]写封信。我很难过;担心她承受不了这个重担[309]。

祝好。

老尼克

(《马克思恩格斯全集》第35卷第396—397页)

1882 年 12 月 14 日于威特岛

致劳拉·拉法格

最亲爱的白鹦鹉：

你的信我全部按时收到了，我真是个大罪人！——只是到现在，从刚收到的将军来信知道保尔[310]被捕以后，才给你写信。将军已把保尔的信和你的信附在他自己的信里转给我，所以我已了解情况了。保尔大概过几天会重新获得自由。

为什么我不早些给你写信呢？因为我没有什么令人快慰的事值得告诉你，而你已从将军的信里知道，我自己觉得身体不错，只是患了气管卡他被软禁了两个来星期，但胸膜炎或支气管炎没有复发。这是令人极其快慰的事，因为大多数和我同时代的人——我指的是和我年岁相同的人——现在已纷纷入土。世上有的是壮驴，还要珍惜老驴的生命干什么呢？

最近一个时期以来，保尔写出了自己最好的作品[311]，既幽默又泼辣，既扎实又生动，而在这以前往往出现一些极端革命的词句，使我看了生气，因为我始终把它们看作"夸夸其谈"。我们的人最好把这类专长让给那些所谓的无政府主义者，他们实质上是现存秩序的支柱，而根本不会带来无秩序——他们生来就是蠢才，——混乱不是他们的过错。现时他们为"暗检室"[312]这一"社会灾祸"效了劳。他们最坏的是，甚至最客观的"法院侦查员"——假如世上有这种侦查员的话——也不得不公开宣布：他们是绝对"没有危险的"！假如这些无政府主义者不是这样极其"无辜"，人们可以宽恕他们的一切！但他们决不因此就是"圣徒"。亨利七世（他战胜了理查三世）请求一个教皇[313]把亨利六世列为圣徒，这个教皇说了句很恰当的俏皮话，他回答说："无辜"（即"白痴"）还不足以尊为"圣徒"。[314]

我的孩子，无论如何你在这里会遇到比在其他多数地方——包括法国和意大利——更好的天气。我住在这里象个隐士一样，除了威廉森医生外，谁都见不着，同他见面的每一分钟都觉得十分可贵。

总之，孩子，只要你的义务允许你（因为，用法国的雇佣文人的话来说，保尔同当局的光荣斗争引起人们的同情），就到我这里来住吧!

  有几本在神圣的罗斯而不是在国外印刷的新出版的俄文著作[315]证明,我的理论正在那个国家迅速传播。不论在什么地方我所取得的成就都不会比这更使我愉快的了。我感到满意的是,我正在打击那个与英国一起构成旧社会的真正堡垒的强国。

你的　尼克

(《马克思恩格斯全集》第35卷第405—407页)

1882 年 12 月 23 日于文特诺尔[316]

致爱琳娜·马克思

亲爱的孩子:

我从劳拉的信中(这封信是恩格斯为了沟通消息今天寄给我的[317])得悉,小燕妮又患了这种严重的炎症[318]。如果对它不加注意,我担心会发生最坏的情况。我们还是应当考虑(并且在琳蘅动身到我这里来以前和她商量一下),我们是否应当至少把哈利从小燕妮那里带走,甚至在万不得已的情况下让他到这里来。小燕妮带着这些孩子哪能有时间去治病!但另一方面,如果另外的人取代了琼尼的位置,那我们的琼尼(在卫生方面)将会多么受忽视!

哈利特别加重了可怜的小燕妮的如此困难的处境。

你把兰卡(或者是兰克,记不清了)的《生理学》带给我;此外,把弗里曼那本不大好的书（《欧洲史》）也带给我，因为它可以供我作年表用；它放在我的卧室里，在放报纸和其他东西的书架上。

[马克思在明信片的背面写着]
伦敦西北区梅特兰公园梅特兰公园路41号马克思小姐

（《马克思恩格斯全集》第35卷第417—418页）

1883年1月8日于文特诺尔

致爱琳娜·马克思

亲爱的小杜西：

星期六我收到了威廉森医生的短信，其中附有弗·贝肖医生给威廉森的信，贝肖的信上注有：1883年1月4日，滨海圣莱昂纳兹市勇士广场5号。信里提到：

我们这里整整一个星期几乎连绵不断地下雨或者是潮湿的天气，但从2日起，相反地，天气干燥起来。从那时起，每天下午有阳光，尽管不多。我争取明天告诉您更多的情况。我认为，总的说来哈斯廷斯的气候比南岸大部分地方要干燥，虽然也许因此气温要低一点，等等。

星期六（1月6日），这里天气挺好，但这只是中午；昨天天气也干燥，但是冷一些；跟往常一样，空地上阳光很充足。昨天和前天我都散步了；今天看样子也是好天。如果不是直接晒着太阳，总的说来还有点凉。但无论如何气温有希望逐渐增高。

如果这里天气捉弄人，可以转到哈斯廷斯去，至于到了变换地点本身就会有好处的时候，就更不用说了。现在我们已经知道，离开文特诺尔到哈斯廷斯去是有些好处的，但是到同威特岛条件差不多的文特诺尔附近的南岸各地去，就不一定是这样了。

我仍在同积痰进行艰苦的斗争；星期六早晨起床时，咳嗽痉挛性地发作，以致我想喘几秒钟气都不行。我想，这是神经受了刺激——替小燕妮[319]担心所致！这不必多讲了。我想立即到阿尔让台去，可是一个生病的客人，恐怕只会更加重孩子的负担！要知道谁也不能担保，走这一趟不会引起我至今幸免的旧病复发。但是，不能去看望孩子，心里总是很难受的。

致良好的祝愿。

老尼克

（《马克思恩格斯全集》第35卷第419—420页）

1883年1月9日于文特诺尔

致爱琳娜·马克思

我亲爱的好孩子：

你这样经常和这样详细地给我写信，真是可爱，但我不愿意占用你仅有的那一点点可由你来支配的"空闲"时间。你的信是在我给你发了信，从海滨散步回来后才收到的。巴黎方面暂时没有任何新消息。

今天，我正想不顾风声怒号出去"徒步旅行"，这时候我的医生[320]来了；他说我必须待在家里，因为外面很冷。他又给我进行了听诊。一切还是老样子，即患慢性卡他（因此嗓子还一直是嘶哑的），但如果从"更高的"角度来看，我的健康状况好转了，因为令人担心的地方完全没有触及。但是几乎没有间断过的咳嗽，本来就非常讨厌，由于每天呕吐，变得简直无法忍受了。这常常使我不能工作，而医生却相信——他还相信，这就不错了！——能够使我摆脱这种折磨（靠刚刚给我开的药剂）。走着瞧吧。

顺便讲一下：在我的卧室或我的书桌里，在皮夹子或哪个小盒子内，应当还有几张我在阿尔及尔照的相片。要是你能找到，可以给我寄两张来。我已答应送一张给威廉森太太。

迈斯纳先生昨天给我寄来了他1881年的账目[321]；收入很少，但1882年必定会多一些，因为他同时还告诉我，余存的《资本论》很快就会售完。当然，他急着要校样[322]。何况他很久很久没有听到我的任何消息了。现在他终于要得到我的详细答复了。

考恩关于埃及的演说，实质上还是过去海德门的英国政治的"未来的音乐"。[323] 这些长吁短叹的资产者（而考恩在这方面也是资产者），这些可怜的英国资产者，在日益加重的对历史使命所负的"责任"的重荷之下呻吟，而又如此无法反抗这种历史使命！不过，就连考恩一想到从大西洋到印度洋的牢固的侵略基地加上从三角洲到开普兰的"不列颠非洲帝国"的这幅迷人妙景，也垂涎三尺。图景真不坏呀！事实上，还有比征服埃及——在一片和平景象中征服——更无耻、更虚伪、更伪善的"征服"吗！甚至这个考恩（而他无疑是英国议员中最好的一个）也衷心赞扬这类"英雄业绩"；"我国军事实力的光辉显示"。可怜的考恩！他是地地道道的不列颠

"资产者"(在这个意义上);他以为作了一笔很大而且非常有利的交易;他看不出,既然"政治"在这个事件中起作用,英国"年迈的伟人"只不过是另外一些非不列颠人的狡猾之徒手中的工具而已,而戈申之流泰然自若地承担起了对于"内部"利益的"责任"。

考恩有时迷信到这种地步,以致认为达费林勋爵真正是超群绝伦的外交天才。让这些不列颠人见鬼去吧!

代我吻吻我的外孙[324]。

再见。

老尼克

(《马克思恩格斯全集》第35卷第420—422页)

1883年1月10日于文特诺尔

致爱琳娜·马克思

亲爱的孩子：

附上的拉法格的信（望以后寄还给我），使我对小燕妮感到很放心，虽然拉法格——可能是为了安慰我——把整个事情说得过分乐观；但是看样子直接的危险过去了。[325]

他所写的有关狼、帕[326]（他现在崇拜狼）的情况等等很有意思。

在目前状况下，现在把琼尼送到阿尔让台去是根本不合时宜的（恩格斯也同意我这个意见）。在燕妮能重新亲自料理家务以前，他不能回去。只应注意主要的东西，而不必考虑次要的东西，过去没这样做，差点没把燕妮害了。多几个月或少几个月，这并不要紧，何况可怜的孩子一回去就会陷入一片紊乱之中。

小杜西，我希望你立即写封信给小燕妮，讲讲这个意思。我今天还要往《正义报》给龙格写几句，讲一下这件事。

你应当给小琼尼讲讲他的小兄弟的情况；当然你也要把拉法格信中的主要内容告诉琳蘅。

昨天天气很糟糕，今天也远不是"美好的"，很潮湿。可我今天还想自己的散步……[327]

（《马克思恩格斯全集》第35卷第422—423页）

注释

[1] 指马克思和恩格斯合作撰写抨击性著作《流亡中的大人物》。1851年《德意志快邮报》上登载的一些文章和消息是他们写作的材料来源之一。

[2] 指哈·哈林《关于工人联合会的产生及其陷入共产主义投机事业的历史片断》1852年伦敦版。

[3] 指哈·哈林《关于工人联合会的产生及其陷入共产主义投机事业的历史片断》1852年伦敦版。

[4] 指哈·哈林《关于工人联合会的产生及其陷入共产主义投机事业的历史片断》1852年伦敦版。

[5] 海涅的组诗《归乡集》中的一首。

[6] 海涅的组诗《归乡集》中的一首。

[7] 指马克思的儿子埃德加尔的死亡。

[8] 指马克思曾经打算要写但未完成的关于十八世纪英国和俄国外交史的著作。马克

思只写了这一著作的引言五章。引言主要是由马克思从不大出名的旧外交小册子和未发表的手稿中抄录的实际材料构成的，引言的主要问题之一是俄国和瑞典之间的北方战争（1700—1721年）。引言最初刊载于《设菲尔德自由新闻报》（它是乌尔卡尔特及其拥护者创办的，从1851年到1857年在设菲尔德出版），后来刊载于乌尔卡尔特的伦敦《自由新闻》（1856年6月—1857年8月），标题为《十八世纪外交史内幕》。

[9] 恩格斯。

[10] 双关语：Schlosser（施洛塞尔）是姓，也有"钳工"的意思。

[11] 指《总汇报》。

[12] 科伦共产党人案件（1852年10月4日—11月12日）是普鲁士政府策划的陷害案件。国际共产主义组织共产主义者同盟（1847—1852年）的十一名成员因被控告"密谋叛国"而被审判。在受审的人当中也有卡尔·奥托，他于1856年10月15日被提前释放。罪证是普鲁士警探编造的中央委员会会议的"原本记录"和其他伪造文件，以及警察当局从被共产主义者同盟开除的维利希—沙佩尔冒险主义集团那里偷来的文件。根据伪造的文件和假证据判处七名被告三至六年要塞监禁。马克思和恩格斯彻底揭露了审判案策划者的陷害勾当和普鲁士警察国家对国际工人运动所采用的卑鄙手段。

[13] 卡·马克思和弗·恩格斯《中央委员会告共产主义者同盟书。1850年3月》《中央委员会告共产主义者同盟书。1850年6月》。

[14] 马克思在这里提到的《通告》曾经转载在1856年6月16日《总汇报》发表的汉诺威通讯中。

[15] 恩格斯。

[16] 海伦·德穆特。

[17] 丽娜·舍勒尔。

[18] 8月下半月，恩格斯为了同暂时到英国的母亲见面而住在伦敦。

[19] 艾丝苔·科泽耳。

[20] 巴贝塔·布吕姆。

[21] 扎耳特博默耳。

[22] 莱昂·菲力浦斯。

[23] 约翰·雅科布·康拉第，马克思的妹妹艾米莉的丈夫。

[24] 艾米莉·康拉第，马克思已出嫁的妹妹。

[25] 索菲娅·施马尔豪森，马克思已出嫁的姐姐。

[26] 马丁·普勒斯堡。

[27] 马克思大女儿燕妮在家的绰号。

[28] 威廉·沃尔弗。

[29] 博尔夏特和龚佩尔特。

[30] 博尔夏特。

[31] 1864年5月2日恩格斯写信给马克思，说："如果你那里没有人，博尔夏特请你立即于明天早上打电报给他（花一先令），以便让他和龚佩尔特知道，是否需要在这里另找他人。"见《马克思恩格斯全集》第30卷第390—391页。

[32] 威廉·沃尔弗。

[33] "光明之友"是1841年形成的一个宗教派别，它反对在官方新教中占统治地位的、以极端神秘和虚伪为特性的虔诚主义。这个宗教反对派是十九世纪四十年代德国资产阶级对德国反动制度不满的一种表现形式。1846年，"光明之友"运动引起了官方新教的分化，分化出来的部分组成了所谓的"自由公理会"。

[34] 爱琳娜·马克思。

[35] 马克思的大女儿，当时20岁。

[36] 恩格斯于5月19日到伦敦，在马克思处作客四天。

[37] 指马克思为领取威廉·沃尔弗给他的一宗遗产办理手续的事。

[38] 爱琳娜·马克思。

[39] 劳拉·马克思。

[40] 当时哈尼得到他的朋友们要他迁居澳大利亚的邀请，看来这就是传说他去那里的来由。但实际上哈尼没有应邀去那里，而是在1863年5月带着妻子和儿子离开英国到美国去了。

[41] 斐·弗莱里格拉特的妻子。
[42] 指法济在担任瑞士银行总行行长职务时玩弄的财政诡计被揭露以后,于1864年8月在日内瓦州委员会的选举上遭到的惨败。选举以后,法济的拥护者武装袭击投票反对法济的一部分选举人,造成混乱。由于瑞士政府军队开到日内瓦,法济不得不逃往法国。弗莱里格拉特是瑞士银行总行伦敦分行的理事。
[43] 爱琳娜·马克思。
[44] 海伦娜·窦尼盖斯。
[45] 原信见《马克思恩格斯全集》第30卷第418页。
[46] 腊科维茨。
[47] 卡·马克思《国际工人协会成立宣言》。
[48] 卡·马克思《致美国总统阿伯拉罕·林肯》。
[49] 古时法国君主第一次进入一个城市或教堂时举行的隆重仪式。
[50] 看来是指1864年11月至12月发表在《新苏黎世报》的一组文章,标题是《詹姆斯·法济及其生平事迹》。
[51] 《社会民主党人报》的头三号是试办的。1865年1月4日的《社会民主党人报》第4号才是第一个预订号。由于报纸被没收,马克思向施韦泽祝贺,强调指出必须公开和俾斯麦内阁决裂。
[52] 暗指燕妮·马克思、劳拉、爱琳娜和海伦·德穆特。
[53] 指十九世纪六十年代美国两个魔术家达文波特弟兄所表演的戏法。
[54] 在这里,在这一页的下边剪去了一小条,看来这儿是签名。下面的一段是在第一页的左角上添写的。
[55] 马克思的小女儿,当时10岁。
[56] 从1866年3月15日到4月10日左右,马克思在马尔吉特治病和休养。
[57] 卡尔·马克思在家的绰号。
[58] 马克思的二女儿,当时21岁。
[59] 劳拉的绰号,是根据古小说中一个人物时装裁缝的名字起的。
[60] 马克思在这里根据格拉赫(Grach)这个姓和古罗马改革者格拉古(Gracchus)

兄弟的姓的语音近似而玩的文字游戏。马克思夫人燕妮把一千三百塔勒存入特利尔银行家格拉赫的银行，而格拉赫向存户隐瞒了自己的银行破产。格拉赫的妻子答应在她得到遗产后归还这笔钱，燕妮·马克思根据她的请求没有对格拉赫提起诉讼（关于这件事，见《马克思恩格斯全集》第28卷第436页，马克思1855年3月8日给恩格斯的信）。但是从马克思后来的信件中看不出她是否偿还了他丈夫的债务。马克思在这里指的大概是同这个问题有关的某个令人兴奋的消息。

[61] 英国民歌《迪河岸上的磨坊主》中的歌词。

[62] 3月22日。

[63] 马克思的大女儿燕妮·马克思。

[64] 马克思夫人燕妮·马克思。

[65] 指1866年2月6日英国议会开幕那天开始的、围绕提交议会讨论的关于在发生兽疫时给予牲畜主人以金钱补偿的法律草案进行的一场激烈的辩论。辩论于2月20日以通过该项法律而结束。

[66] 海涅诗集《归乡集》中的一篇。

[67] 文字游戏：这里的伊夫斯（Eves）、"夏娃"（Eves）和母羊（Ewes）字形和发音相近。

[68] 见[67]。

[69] 暗指乔叟的《坎特伯雷故事集》。

[70] 爱琳娜·马克思。

[71] 马克思的二女儿劳拉的男友、未来的丈夫。

[72] 劳拉·马克思。

[73] 1865年12月至1866年1月在法国发生了大学生风潮，引起风潮的原因是巴黎科学院院部决定开除参加1865年10月底在列日（比利时）举行的国际学生代表大会的大学生。在该代表大会上有许多欧洲国家的青年学生代表参加，其中最大的代表团是法国的学生代表团（保·拉法格、沙·龙格、沙·维·雅克拉尔、阿·雷尼埃等人）。在大会上大多数讲演人的演说反映了革命青年对第

二帝国制度的自发的抗议。

[74] 马克思的大女儿燕妮·马克思的绰号,她曾担任马克思的私人秘书。

[75] 即唐·吉诃德,这里指的是拉法格。

[76] 爱琳娜·马克思的代号。

[77] 燕妮·马克思从1866年8月底至9月中在海滨休养。

[78] 见[76]。

[79] 保尔·拉法格。

[80] 劳拉·马克思。

[81] 古希腊神话中的女神。

[82] 卡·马克思《临时中央委员会就若干问题给代表的指示》。

[83] 保尔·拉法格。

[84] 劳拉·马克思。

[85] 马克思的夫人燕妮·马克思。

[86] 卡尔·马克思自称的代号。

[87] 爱琳娜·马克思在家里被戏称为"中国的王子古古"。

[88] 马克思的大女儿燕妮·马克思在家的绰号是"中国皇帝"。

[89] 见[88]。

[90] 5月1日。

[91] 冯·威斯特华伦。

[92] 《资本论》第一卷。

[93] 指在燕妮生日送给她的一个戴在脖子上的十字章,这是类似波兰人民民族解放斗争的参加者们所戴的那一种十字章。从1867年底起,燕妮就用一根绿色带子把这个十字章佩戴在脖子上,以表示对1867年11月被杀害的芬尼亚社社员的哀悼(绿色被认为是爱尔兰民族解放斗争的象征)。

[94] 迈斯纳。

[95] 燕妮的绰号之一;"乔"是路易莎·奥尔科特的小说《小妇人》中的人物。

[96] 爱琳娜·马克思。

[97] 见 [94]。

[98] 克勒莫恩花园——十九世纪五十至七十年代伦敦的一个花园；1877 年封闭了。

[99] 这六个称号均是指劳拉。

[100] 指马克思的夫人燕妮·马克思，女儿爱琳娜和燕妮，海伦·德穆特。

[101] 保尔·拉法格。

[102] 马克思在家里的谑称，意为"家神"。

[103] 西·波克罕《我投给日内瓦代表大会的明珠》。

[104] 暗指佐伊默的诗《蒙昧人》。

[105] 吉洛曼公司是巴黎的一家图书出版公司，出版经济学书籍。

[106] 《资本论》第一卷。

[107] 弗朗斯瓦·拉法格。

[108] 劳拉·拉法格。

[109] 家里养的几只猫，每只猫都取了个名字。

[110] 海伦·德穆特。

[111] 劳拉和拉法格的儿子沙尔·埃蒂耶纳·拉法格。

[112] 保尔·拉法格。

[113] 1869 年 5 月 25 日到 6 月 14 日，马克思带小女儿爱琳娜在曼彻斯特恩格斯家里作客。看来，爱琳娜一直在恩格斯家中住到 10 月初。

[114] 马克思是在 6 月 14 日回伦敦的。

[115] 英国女作家乔·埃利奥特的小说《费里克斯·霍尔特——激进派》中的主人公。

[116] 1869 年 6 月 1 日《双周评论》杂志第 30 期上发表了托·赫胥黎的文章《实证主义的科学观点》和约·斯·穆勒的文章《桑顿论劳工及其要求》。

[117] 英文 million 是"百万"的意思，也是"人群"的意思。

[118] 马克思和女儿燕妮 1869 年 9—10 月到德国、比利时和荷兰旅行，于 9 月 18 日左右到达汉诺威。

[119] "小鸟眼睛"是劳拉在家里的谑称。1869 年 9 月 26 日劳拉·拉法格满 24 岁了。

[120] 马克思的夫人燕妮。

[121] 沙尔·埃蒂耶纳·拉法格。

[122] 1869年9月6—11日在巴塞尔举行了第一国际的应届代表大会。马克思没有出席代表大会，但是他最积极地参加了它的准备工作。

[123] 1865年7月，李卜克内西"由于政治理由"被柏林警察局驱逐出普鲁士国境；1867年，他被选为萨克森地区参加北德意志联邦国会的议员，享有议员豁免权。但是，李卜克内西在1869年9月未能到汉诺威会见马克思，因为普鲁士警察局可以利用国会休会的机会（从1869年6月22日至1870年2月14日）将他逮捕。马克思最初设想与李卜克内西在不伦瑞克会见，后来又想在汉诺威。但是，马克思与李卜克内西的会见未能实现。

[124] 马克思说的是保·拉法格的一封信，拉法格在这封信中叙述了巴塞尔代表大会后国际工人协会总委员会于1869年9月14日举行的第一次会议的过程。

[125] 指译者凯累尔于1869年10月16日寄给马克思审阅的《资本论》第一卷第二章的法文译稿。

[126] 原稿为：《in German》——"用德文写的"。

[127] 弗列罗夫斯基的《俄国工人阶级的状况》（1869年圣彼得堡版）一书是丹尼尔逊于1869年10月12日（俄历9月30日）寄给马克思的。丹尼尔逊表示，希望该书能为马克思的经典著作《资本论》的后面几部分提供必要的资料。这一著作促使马克思认真研究俄语。

[128] 保尔·拉法格的父亲。

[129] 沙尔·埃蒂耶纳·拉法格。

[130] 指拉法格夫妇1870年1月1日所生的女孩在2月底死去。

[131] 暗指拉法格的族系，拉法格出生于古巴圣地亚哥城；他的祖母是混血儿，外祖母是印第安人。

[132] 劳拉·拉法格。

[133] 指在法国小资产阶级社会主义者穆瓦兰家里开的一次会，这次会上曾讨论了社会改革的计划。拉法格在1870年1月给马克思的一封信中描述了这次会议的情况。

[134]　贺雷西《书信集》第 1 册第 1 封信。

[135]　芬尼亚社社员是爱尔兰革命兄弟会这个秘密组织的参加者，这个组织从五十年代末起在侨居美国的爱尔兰人中间，后来又在爱尔兰本土出现。芬尼亚社社员为争取爱尔兰的独立和建立爱尔兰共和国而斗争。芬尼亚社社员在客观上反映爱尔兰农民的利益，按其社会成分说来，主要是城市小资产阶级和非贵族出身的知识分子。首脑（Head Centres）是芬尼兄弟会内部对芬尼亚社社员秘密组织领导人的称呼。

[136]　卡·马克思《英国政府和被囚禁的芬尼亚社社员》（见《马克思恩格斯全集》第 16 卷第 456—462 页）

[137]　1867 年芬尼亚社社员发动起义的企图失败以后，英国政府便把成百个爱尔兰人投入监狱，并对被捕者加以残酷的虐待，对他们施用毒刑并把他们活活饿死。1869 年 10 月 24 日，在伦敦举行了声援芬尼亚社社员的大规模的示威游行，在示威游行之后，总委员会通过了呼吁英国人民捍卫被囚禁的爱尔兰人的决议，并为此成立了由马克思、鲁克拉夫特、荣克和埃卡留斯组成的委员会。根据马克思的建议，草拟了《总委员会关于不列颠政府对被囚禁的爱尔兰人的政策的决议草案》，这个决议草案于 1869 年 11 月 30 日由总委员会通过。

[138]　卡·马克思《总委员会致瑞士罗曼语区联合会委员会》第五点。

[139]　凯累尔。

[140]　指燕妮·马克思 1870 年 5 月 30 日寄往曼彻斯特的信。

[141]　弗里德里希·恩格斯。

[142]　弗·恩格斯《爱尔兰史》。

[143]　英文字母 W 的名称；暗指燕妮·马克思的笔名 *J. Williams*（"燕·威廉斯"）。

[144]　弗·阿·朗格《工人问题》。

[145]　指恩格斯的住宅摩宁顿街 86 号，恩格斯在曼彻斯特的最后几年就住在这里；1870 年 5—6 月，马克思和爱琳娜在这里待过。

[146]　马克思的夫人燕妮。

[147]　海伦·德穆特。

[148] 席勒协会是为纪念伟大的德国诗人弗·席勒诞生一百周年于1859年11月在曼彻斯特成立的，它的目的是要成为曼彻斯特德国侨民的文化生活和社会活动的中心。

[149] 马克思出于保密的考虑，以医嘱的形式提出自己的意见。

[150] 双关语：原文 address 的意思是"地址"和"宣言"。这里指《法兰西内战》宣言。

[151] 指公社流亡者。

[152] 丹尼尔逊和洛帕廷经常把俄文的学术著作和资料——主要是经济问题方面的——寄给马克思。丹尼尔逊1871年5月寄给马克思的书籍和文章当中，有车尔尼雪夫斯基发表在1857年《同时代人》杂志第9期和第11期上的著作《论土地私有制》。

[153] 马克思指的是丹尼尔逊1871年5月23日（俄历11日）的信，信中建议在俄国出版《资本论》第二册和第三册。

[154] 指海尔曼·荣克。

[155] 马克思因过度疲劳于1871年8月17日去布莱顿治疗。

[156] 马克思《给〈太阳报〉编辑德纳的信》。

[157] 燕妮·马克思、爱琳娜·马克思和劳拉·拉法格。

[158] 指为公社流亡者募捐。

[159] 安·达威多夫1871年8月21日的信是对8月15日恩格斯为请求支授公社流亡者而给他的信的答复；信中附有一张四英镑的支票。恩格斯的信没有找到。

[160] 双关语：德语 Schneider（施奈德尔），既是姓，也有裁缝的意思。

[161] 括号内的法文词是马克思从意大利文翻译的。

[162] 由于得到关于马克思逝世的谣传，"世界主义协会"代表会议通过了一项决议，决议中指出，马克思是"一切被压迫的阶级和民族的最忠实、最无畏和最忘我的保卫者之一"。代表会议号召"加倍努力地保卫马克思所英勇顽强地捍卫的那些权利"。"世界主义协会"是七十年代初产生于美国、由小资产阶级和工人组成的一个人数众多但存在时间不长的民主主义组织。国际工人协会支部的成员也参加了该协会。1872年初，该协会解散。

[163]　指丹尼尔逊1871年9月12日(俄历8月31日)给马克思的女儿爱琳娜的信。

[164]　指吴亭、培列和赛拉叶在1871年伦敦代表会议上审查瑞士的冲突时对巴枯宁分子罗班和巴斯特利卡的分裂活动所进行的揭发。吴亭谈到罗班（1870年1月前曾参加《平等报》编辑部）1869—1870年在日内瓦反对总委员会的阴谋活动，以及后来罗班在巴黎时通过书信支持瑞士分裂主义者的情况。

[165]　马克思的女儿燕妮写的关于1871年夏马克思的女儿们在法国遭受警察机关迫害的信，曾由马克思寄给美国《伍德赫尔和克拉夫林周刊》编辑部。

[166]　劳拉·拉法格在1871年12月12日给马克思的信中以及保尔·拉法格在同一天给恩格斯的信中，都说到了他们与法国出版者莫·拉沙特尔关于出版《资本论》第一卷法文版初步谈判的结果。劳拉说：拉沙特尔赞同用法文出版《资本论》的主张，并询问出哪种版本比较好，是普及本（三个法郎）还是精装本（六个法郎），同时还说，开始大约需要四千法郎，作者应付半数。拉法格接受了这些条件，并用自己的钱交付了这笔款项。

[167]　鲁瓦。

[168]　《资本论》第一卷。

[169]　在出版《资本论》第一卷法文版时，出版者拉沙特尔为了普及这本书，打算在书前刊载一篇叙述马克思革命斗争经历的传记。劳拉·拉法格在转达拉沙特尔的这一愿望时还说，在搜集足够的材料后，保尔·拉法格可以撰写这篇传记。后来拉沙特尔放弃了这个打算。

[170]　拉法格在1872年1月7日给恩格斯的信中说，由于蒲鲁东主义的思想在西班牙工人中影响很大，他已同梅萨商定把马克思的《哲学的贫困》译成西班牙文，信中还说，梅萨要求为西班牙文版专门写一篇序言。但是，译本未能在1872—1873年完成，翻译出来在《解放报》上发表的仅仅是马克思这本书的某些章节；也没有写序言。

[171]　拉法格在1872年2月14日左右写的信中请马克思寄给他几份《成立宣言》《共同章程》《路易·波拿巴的雾月十八日》《法兰西内战》以及狄慈根的著作。

[172]　拉法格请求马克思帮助他，使他出版的《解放报》同李卜克内西编辑的《人

民国家报》建立经常的联系；拉法格还要求按期寄给他《人民国家报》。

[173] 拉法格在1872年2月给马克思的几封信中建议利用住在伦敦的西班牙企业家洛佩茨·德·拉腊的资助出版国际的正式文件。

[174] 信中指的是马克思同法国进步记者和出版者莫·拉沙特尔签订《资本论》法文版出版合同一事，马克思同拉沙特尔签订的合同规定《资本论》将分册出版，于1872—1875年出齐，由约·鲁瓦进行翻译。

[175] 卡·马克思和弗·恩格斯《所谓国际内部的分裂》。

[176] "悬崖"，"峭壁"；以此称呼建筑在悬崖和峡谷凹处的美国印第安人的住宅。

[177] 马克思的大女儿燕妮已结了婚（同法国社会主义者沙尔·龙格），并有了孩子。

[178] 小沙尔·龙格，燕妮·龙格和沙尔·龙格的儿子。

[179] 指阿·坦尼森1874年3月7日为欢迎爱丁堡公爵阿尔弗勒德亲王的未婚妻玛丽亚·亚历山大罗夫娜公主抵英国而写的诗。诗的标题是《欢迎爱丁堡公爵夫人玛丽亚·亚历山大罗夫娜殿下光临》，每一节都以"亚历山大罗夫娜"作为结尾。

[180] 语出圣经《传道书》第一章。传道者说："已有的事，后必再有，已行的事，后必再行，日光之下并无新事。"

[181] 见《格林和狄德罗1753年至1790年文学、哲学和评论通信集》1830年巴黎新版第11卷第154、155页。

[182] 《资本论》第一卷法文版校样。

[183] 燕妮·龙格的第一个儿子沙尔的谑称。

[184] "圣乐"（英语）。

[185] 灵乐（法语）。

[186] "圣乐"（法语）。

[187] 1874年8月初，马克思试图取得英国国籍、并向内务部提出相应的申请。但申请遭到拒绝，借口是"马克思对普鲁士君主不忠"。

[188] 马克思按照医生的指示，于1874年8月15日同爱琳娜一起赴卡尔斯巴德（捷克称作：卡罗维发利），在那里从8月19日待到9月21日。

[189] 指意大利无政府主义者1874年8月想在博洛尼亚和阿普利亚举行起义的尝试。

[190] 法国元帅巴赞在普法战争期间于1870年10月把麦茨要塞放弃给德国人，因此被控叛国而交付法庭审判。审判从1873年10月6日至12月10日在巴黎进行。巴赞被判处死刑，两天以后又改为无期徒刑。巴赞在极其舒适的条件下度过八个月监禁生活以后，于1874年8月轻而易举地逃到了西班牙。

[191] 指燕妮·龙格的儿子沙尔于1874年7月底亡故。

[192] 《资本论》第一卷法文版。

[193] 马克思《哥达纲领批判》。

[194] 对《资本论》的若干地方加以说明，见《马克思恩格斯全集》第34卷第133页。

[195] 《比利时独立报》。

[196] 格拉泽·德·维耳布罗尔在1875年3月29日和4月25日的信中请马克思给他在布鲁塞尔筹办的社会主义周刊《社会改革》撰稿。

[197] 保·拉法格1872年迁居伦敦以后不久，就与别人合伙开设了一家石印和刻版小工场。

[198] 海伦·德穆特。

[199] 恩格斯的夫人莉迪娅·白恩士。

[200] 让·龙格（琼尼）。

[201] 味吉尔《亚尼雅士之歌》第9卷。

[202] 《尼贝龙根的戒指》是理查·瓦格纳的一部大型的组歌剧，它包括以下四部歌剧：《莱茵的黄金》《瓦尔库蕾》《齐格弗里特》《神的灭亡》。1876年8月13—17日拜罗伊特的瓦格纳专设剧院开幕式上演出了《尼贝龙根的戒指》。

[203] 9月20日。实际上，马克思夫人燕妮、燕妮·龙格和琼尼已于星期五平安到达马克思那里，见《马克思恩格斯全集》第34卷第85页

[204] 小安普顿。

[205] 反社会党人非常法。

[206] 1878年9月4日至14日，马克思在莫尔文燕妮·马克思那里休养（见《马

克思恩格斯全集》第34卷第316—317页)。

[207] 暗指博马舍的喜剧《疯狂的日子,或费加罗的婚礼》第五幕第八场费加罗的话:"费加罗,你真该死!你竟没猜到这一着!"

[208] 伦敦各报于1878年9月17日刊登了关于德意志帝国国会9月16日会议的电讯。这次会议开始讨论反社会党人非常法草案。

[209] 这是路德维希·班贝尔格尔的一句成为俗语的话,他用这句话来评述俾斯麦对待民族自由党人的态度。

[210] 中央党是德国天主教徒的政党,1870—1871年由于普鲁士议会的和德意志帝国国会的天主教派党团(这两个党团的议员的席位设在会议大厅的中央)的统一而成立。它把主要是德国西部和西南部各个中小邦的社会地位不同的各个阶层:天主教僧侣、地主、资产阶级、一部分农民联合在天主教的旗帜下,支持他们的分立主义的和反普鲁士的倾向。中央党通常是持中间立场,在支持政府的党派和左派反对派国会党团之间随风转舵,中央党站在反俾斯麦政府的立场上,同时又投票赞成它的反对工人运动和社会主义运动的措施。

[211] 1879年8月18日,马克思的女儿燕妮在兰兹格特生了儿子埃德加尔·龙格。

[212] 1879年大约从8月8日至20日马克思和他的女儿爱琳娜在泽稷岛休养。

[213] 指燕妮·龙格的三个孩子:让(琼尼)、昂利和埃德加尔,"茶"是马克思的外孙埃德加尔的绰号。

[214] 指燕妮·马克思。

[215] 指莫斯特为亚历山大二世被刺杀而写的一篇题为《完蛋了!》的文章,该文刊登在1881年3月19日《自由》周报第12期上。3月30日,莫斯特在伦敦被捕,5月2日被交付法庭,6月,以用外国语言写文章为政治谋杀进行辩护的罪名被判处一年半徒刑,实行强制劳动。

[216] 双关语:希尔施,原文Hirsch,是姓,也有牡鹿的意思。

[217] Kautz(其指小词是Käutzchen),怪人,和姓Kautsky(考茨基)发音相似。

[218] 见[217]。

[219] 道勃雷是莎士比亚的喜剧《无事烦恼》中的一个人物。

[220] 1881年土地法案从1880年年底起就在议会中讨论，但直到1881年8月22日才成为法律。

[221] 大概是指1881年2月3日下院根据格莱斯顿的提议所通过的一项在英国议会实行新的议事程序的决议。爱尔兰的反对派在下院里采取了妨碍议事的策略，使议会无法通过关于在爱尔兰实行高压法案，因此格莱斯顿就提出了议长有权随时打断发言者的发言并将其逐出会议厅的决议案。

[222] 爱尔兰民族土地同盟是小资产阶级民主主义者迈克尔·达维特于1879年建立的群众性组织。土地同盟联合了爱尔兰农民和城市贫民的广泛阶层并得到了爱尔兰资产阶级中进步分子的支持，它在自己的土地要求中反映了爱尔兰人民群众对大地主压迫和民族压迫的自发抗议。但是土地同盟的一部分领袖（帕涅尔和其他人）采取了不彻底的动摇的立场，力图把土地同盟的活动归结为争取爱尔兰实行地方自治的斗争，也就是争取在不列颠帝国的范围内实行爱尔兰的有限自治，而不赞成革命民主派所坚持的消灭英国的大地主统治。土地同盟于1881年被英国政府查禁，但实际上它一直活动到八十年代末。

[223] 这几个字，马克思用大的印刷字体写在信头上。

[224] 指燕妮·龙格即将出生的儿子马赛尔·龙格。

[225] 燕妮·马克思。

[226] 燕妮·龙格的孩子：让（琼尼）、昂利和埃德加尔。

[227] 马克思和他的一家曾住在梅特兰公园附近的梅特兰路41号。梅特兰路与南安普敦路交叉，名叫"南安普敦勋爵"的小酒馆显然是在南安普敦路上。

[228] 格莱斯顿的自由党政府为了使爱尔兰农民脱离革命斗争，1881年8月22日利用议会通过了爱尔兰土地法，在某种程度上限制英国大地主为所欲为地对待佃农，1881年土地法规定，如果佃农按时交付了租金，大地主就没有权力任意把佃农从土地上赶走；租金的数额十五年固定不变。尽管土地法使大地主在把土地卖给国家时有利可图，并且规定的租金数额仍然非常高，英国的土地占有者还是反对这个法令的实施，力求保持他们在爱尔兰的不受限制的统治地位。

[229] 埃德加尔·龙格的绰号。

[230] 指马克思夫人燕妮。

[231] 歌德《狐狸—莱涅克》。

[232] 指1881年6月5日在海德公园举行的表示抗议通过对爱尔兰的高压法。在1881年初，英国议会下院通过了两个关于在爱尔兰实行高压法的法案。根据这些法律，在爱尔兰境内实行了戒严，英国当局取得了特别的全权。）的大会。大会通过了一项决议，要英国政府对爱尔兰人民的艰难处境承担责任，要求不再把未付地租的农民从土地上赶走和强制迁出，释放被捕的土地同盟活动家，要求对爱尔兰民族解放运动实行残酷镇压政策的爱尔兰事务大臣福斯特辞职。帕涅尔在大会上作了长篇演说，痛斥福斯特在爱尔兰的活动。

[233] 民意党人索·彼洛夫斯卡娅装作加特曼的妻子，和他住在一所住宅里，从这里挖了一条通往莫斯科—库尔斯克铁路路基下面的地道，以爆炸沙皇的火车。1881年4月7—10日进行审判，对彼洛夫斯卡娅判处绞刑。

[234] 杰弗里。

[235] 丽娜·舍勒尔。

[236] 马克思的外孙马赛尔·龙格于1881年4月出生，马克思还没有见过他。

[237] 唐金。

[238] 燕妮·马克思。

[239] 1881年7月26日到8月16日马克思和妻子住在阿尔让台（巴黎附近）他们女儿燕妮·龙格家里。

[240] 见[238]。

[241] 见[237]。

[242] 保尔·拉法格。

[243] 见[238]。

[244] 萨拉·派克，恩格斯家的女仆。

[245] 埃德加尔·龙格。

[246] 马赛尔·龙格的绰号。

[247] 马克思夫人燕妮。

[248] 茹尔登，是莫里哀的喜剧《醉心贵族的小市民》中的人物。

[249] 1881年12月1日刊出了厄内斯特·贝尔福特·巴克斯的《现代思想的领袖。第二十三——卡尔·马克思》一文。

[250] 1881年12月29日至1882年1月16日，马克思和他的小女儿爱琳娜·马克思在威特岛的文特诺尔（在英国南部）养病。

[251] 爱琳娜·马克思。

[252] 燕妮·龙格。

[253] 指马克思夫人燕妮逝世。

[254] 保尔·拉法格。

[255] 马克思因夫人去世身体健康受到严重损害，曾于2月初离开伦敦前往阿尔及利亚小住两个月。这封信是用明信片写的。

[256] 在3月1日给恩格斯的信中说2月20日至3月初在阿尔及尔遇上持续的恶劣天气，见《马克思恩格斯全集》第35卷第40—43页。

[257] 伦敦的一条街，马克思住在这里。

[258] 1881年12月29日至1882年1月16日，马克思曾在威特岛的文特诺尔（在英国南部）养过病。

[259] 弗里德里希·恩格斯。

[260] 在1882年2月24日的信中，燕妮·龙格告诉马克思说，爱琳娜·马克思拒绝了普罗斯比尔·利沙加勒向她提出的求婚。

[261] 保尔·拉法格。

[262] 马克思于3月16日给燕妮·龙格的信。

[263] 1881年12月29日至1882年1月16日之间，马克思在威特岛的文特诺尔养病。

[264] 见马克思于3月16日给燕妮·龙格的信。

[265] 海伦·德穆特。

[266] 指卡·希尔施的文章《德国的社会主义》，该文发表于1882年3—4月《新评论》

杂志第15卷，署名为"一个德国社会主义者"。

[267] 指卡·马克思《资本论》第一卷德文第三版。

[268] 指《新评论》。

[269] 指"铁的工资规律"。这是拉萨尔在他的小册子《给筹备莱比锡全德工人代表大会的中央委员会的公开复信》1863年苏黎世版第15—16页上的提法。

[270] 索福克勒斯《安提戈涅》。

[271] 歌德《神圣的》。

[272] 1881年6月底到7月20日左右马克思和他的妻子燕妮在伊斯特勃恩逗留期间，劳拉·拉法格到那里去过。

[273] 指燕妮·马克思。

[274] 保尔·拉法格。

[275] 是指法国保险公司"国民联合公司"，当时保尔·拉法格在该公司工作。

[276] 燕妮·龙格和马克思的外孙：让、昂利、埃德加尔和马赛尔。

[277] 指拉法格的文章《法国土地所有制的变动》，该文曾译成俄文刊登在《基础》杂志1882年第3—4期和第6期上。劳拉在1882年3月20日写给马克思的信中说，拉法格的第二篇文章彼得堡当时还没有收到，杂志的编辑，为了发表第一篇，正等待着它。

[278] 卡斯特拉兹医生。

[279] 指神圣罗马帝国皇帝查理五世在1541年借口与定居在阿尔及利亚的海盗作斗争而对阿尔及利亚（当时是奥斯曼帝国的一部分）进行的不成功的进军。西班牙军队在阿尔及尔城下被土耳其军队打得惨败之后，在阿尔及利亚其他一切设防地点也被赶了出去。

[280] 手稿上字迹不清。

[281] 弗里德里希·恩格斯。

[282] 5月初，医生建议马克思去里维埃拉休养，马克思于1882年5月2日离开阿尔及尔，经过马赛和尼斯到达蒙特卡罗，马克思在这里住到6月3日，约住了一个月时间。然后又回到阿尔让台他女儿燕妮·龙格家。

[283] 弗里德里希·恩格斯。

[284] 这封信是用明信片写的。

[285] 指保尔·拉法格。

[286] 指的是《平等报》。

[287] 这封信是用明信片写的。

[288] 指1882年5月21日的信。

[289] 歌德《温和的讽刺诗》第5节第86行（此处系套用）。

[290] 马克思在这里和后面暗讽奥芬巴赫的滑稽歌剧《盖罗尔施坦大公国》；在十九世纪下半叶，这个歌剧的主角由法国著名女演员和歌唱家奥当斯·施奈德尔扮演。

[291] "三十和四十"，又名"红与黑"，是一种赌博。

[292] 查理三世。

[293] 这是马克思6月3日离开蒙特卡罗，在回到阿尔让台他女儿燕妮·龙格家的途中写的。信是用明信片写的。

[294] 保尔·拉法格。

[295] 拉甫罗夫。

[296] 马克思于6月8日抵阿尔让台，一直住到8月22日。这封信是用明信片写的。

[297] 保尔·拉法格。

[298] 10月初，马克思从瑞士回到伦敦。途中曾在阿尔让台燕妮·龙格家逗留和去过巴黎劳拉·拉法格家。

[299] 彭普斯的女儿莉莲。

[300] 彭普斯的丈夫罗舍。

[301] 燕妮·龙格。

[302] 沙尔·龙格和儿子：昂利、埃德加尔和马赛尔。

[303] 保尔·拉法格。

[304] 原稿为："2月"。

[305] 指"英国古籍学会"。

[306] 马克思指的是 1880 年 6 月 9 日《平等报》第 2 种专刊第 21 号发表的一篇关于巴黎"政治经济学家协会"1880 年 5 月 5 日就华侨进入加里福尼亚一事讨论华人问题的会员大会的报道,题为《资产阶级的爱国主义和华人》。官方政治经济学的代表人物勒卢阿-博利约、加尔涅、西莫宁等人称赞利用华人的廉价劳动,说华人的需求极低。1880 年 7 月 5 日,《社会主义评论》杂志第 9 期上也发表了一篇关于这个问题的文章《经济学家论华人问题》,署名为:贝·马。

[307]《社会主义评论》。

[308] 燕妮·龙格。

[309] 即面临分娩。

[310] 拉法格。

[311] 指《中了魔的部》,刊于 1882 年 11 月 24 日《平等报》第 4 种专刊第 12 号上。

[312] "暗检室"是法国、普鲁士、奥地利和其他许多国家邮政部门所属的秘密机构,从事暗中检查信件的活动。暗检室在欧洲从君主专制时代起就已存在。

[313] 尤利乌斯二世。

[314] 都铎王朝的奠基者国王亨利七世都铎战胜属约克族的国王理查三世之后,千方百计想巩固王权,并确立他以同郎卡斯特族有血统关系为理由占取英国王位这一极有争议的权利,他试图给这个王朝戴上神圣光环。为了这个目的,他于 1506 年请求罗马教皇尤利乌斯二世将在红白蔷薇战争(1455—1485)期间被约克族逐下英国王位的郎卡斯特族的代表之一国王亨利六世尊为圣徒和殉教圣徒。但尤利乌斯二世深知亨利六世是个有名的白痴,担心尊他为圣徒有损罗马教会的威望,便婉言谢绝了国王的请求。马克思在这里根据 innocent 一词具有"无辜,纯真"、"疯癫,白痴"等不同意义,用了这个双关语。

[315] 卡·马克思大概是根据他当时读了 1882 年圣彼得堡出版的瓦·沃·(瓦·巴·沃龙佐夫)的《俄国资本主义的命运》一书所得印象作出的这个结论。瓦·巴·沃龙佐夫在该书序言中谈到,俄国的"马克思学派社会主义者"肯定了俄国资本主义发展的必然性。沃龙佐夫本人

则力图证明俄国社会经济进化的非资本主义性质，提出关于俄国发展的独特道路、关于所谓人民生产在国内占统治地位的反科学理论。他在该书的另一处把他所不同意的卡·马克思的经济学说称为"普遍接受的理论"。

[316] 这封信是用明信片写的，没有署名。

[317] 恩格斯于1882年12月22日给马克思的信中附了劳拉的信。

[318] 燕妮·龙格产后身体恢复得不好，腹部有病，可能是癌。

[319] 燕妮·龙格。

[320] 威廉森。

[321] 指马克思的《资本论》第一卷德文第二版出书的销售情况，该书由奥·迈斯纳出版社于1872年在汉堡出版。

[322] 指卡·马克思的《资本论》第一卷德文第三版。

[323] 自由派议员，前宪章主义者约瑟夫·考恩1883年1月8日在新堡发表演说，为英国占领埃及辩解。所谓海德门的"未来的音乐"，马克思是暗指海德门领导的民主联盟，这个联盟的纲领提出了许许多多的资产阶级民主要求。考恩是该联盟的发起人之一。"未来的音乐"一语是从1850年发表的理查·瓦格纳《未来的艺术作品》一书而来的；反对理·瓦格纳的音乐创作观点的人们赋予这个用语以讽刺的含义。

[324] 让·龙格（琼尼）。

[325] 马克思没有料到，他的女儿燕妮·龙格在次日（11日）就逝世了。

[326] 燕妮·龙格的两个儿子埃德加尔和马赛尔在家里的绰号。

[327] 信的结尾部分残缺。